希望の書店論

福嶋 聡

人文書院

はじめに

本書は、人文書院のホームページに「本屋とコンピュータ」と題して連載されたコラムに、他媒体に執筆した文章を加え、新たに書下ろしを付したものである（コラムは現在も継続中）。

今改めて日付を見ると、人文書院の影山秀和営業部長から、ウェブサイトに連載コラムを書いてくれないか、と依頼されたのは、一九九九年、ジュンク堂仙台店に赴任してから二年たらずの頃だった。二〇〇〇年春、日本最大の売場に向けての増床作業に伴い池袋本店に異動になる、約半年前である。

十数年来の付き合いである影山さんからの依頼であり、また仙台店がある程度軌道に乗っていたこともあり、（万一そうでなくても）基本的に「来た仕事は断らない」ということをモットーにしているぼくは、「いいですよ」と気軽に答えた。「本屋とコンピュータ」という連載タイトルも、当時気になっていた書籍と季刊雑誌のタイトルから簡単に決めた。

簡単に決めたがゆえに、連載タイトルにはまったく縛られることなく、コラムのテーマはあちこちに飛んだ。書店現場の日常風景から、出版・書店業界の人たちとの議論、図書館についても論じたし、その時々に読んださまざまな書籍についても言及した。度々「承前」はあったが、基本的には連続性を意識したコラムではない。仙台から東京への異動を含めた環境の変化もあり、身辺雑記的な話題もあちこちに飛んだ。

連載を開始して七年目に差しかかったころ、影山さんからそろそろ一冊の書籍にまとめたいと提案されたとき、まず逡巡した理由はそれである。時に応じて好き勝手なテーマで書き続けてきたため、いくつかの章を立ててもとの原稿を編み直さなければならない。その時に前後の脈絡をつけ、スムーズな流れにするために大幅な加筆修正が必要だろう。それはかなりな労力を要する作業に思われたのだ。七年にわたるコラムの原稿を頭から読み直すこと自体が正直おっくうで、どう着手していいか分からないまま、いたずらに時が過ぎていった…。そんななか、人文書院の松岡隆浩氏が、編集を担当してくれることになった。人文書院から矢継ぎ早に刊行された、『フリーターにとって「自由」とは何か』(杉田俊介著、二〇〇五年一〇月)、『〈野宿者襲撃〉論』(生田武志著、二〇〇五年一二月)を手がけた気鋭の編集者として、ぼくも注目していたので、うれしく、心強く思った。

松岡さんはぼくの雑駁な原稿を、少しばかりの取捨選択を伴いながら、素早く五つの章に分割整理してくれた。そして「ウェブ連載という性格上、その時でしか書けないライブ感のある文章なので、内容に関してはそれほど手を入れる必要はないと思います」と言ってもらったことが、とても助かった。危ぶんでいた書籍化が実現するか、と思った。

書籍化することは、ぼくにとっても望むところだったのだ。回によって、出来不出来、情報の濃淡はあるにせよ、毎回真剣に取り組んだ文章であることに間違いはなく、アップを楽しみにしている人がいると聞いたときには本当にうれしく思ったが、やはり書籍化することによって、より多くの人の目に触れる機会は増す。もちろん批判も含めて、多くの意見・感想を期待できる。その思いは、何よりもリアル書店で紙の本を販売するぼくらの生業の原動力である。

「ライブ感」という松岡さんの言葉に甘えて、「加筆修正」を最小限ですませたゆえに、少しばかり古くなった状況や情報を読者に押し付けている面はある。肌理細やかに角を揃えない「パッチワーク」が、読む側に負担を強いる部分もあるかもしれない。ただ、松岡さんの編集のおかげで、改めて読み返して、苛立つほど引っかかる構成ではないと思う。

二〇〇〇年三月、副店長として池袋本店へ赴任。一年にわたる増床作業を経て、二〇〇一年三月、ジュンク堂池袋店は、日本最大の巨大書店となる。ぼくは全国でも例のない「一階集中レジ」の担当責任者として、文字通り「矢面に立った」。

それから六年、多くの人との出会いがあった。池袋店でのトークセッションなどをきっかけにたくさんの著者の方々と出会えるのは、何よりの娯しみであり、また、出版・書店・取次・図書館など、本を扱う多くの人びとと語り合うことで、本をめぐる世界の広さ、奥深さを再確認できた。そうした中、基本的には同じ立ち位置にあり続けながら、本をめぐる風景が徐々に変化していくさまも見てきた。ネット書店など新たな販売形態や、電子ブック（とりわけ電子辞書）の登場・浸透、インターネットの普及など、本という形態にとっての大きな節目をも予感させる環境の変化が大いに影響しているのは確かだと思う。
そうした、時代の大きなうねりの中で、ぼくは今も変わらずレジカウンターに立ち、一人ひとりのお客様に本を販売することに、何よりの喜び、楽しみを感じている。そんな一書店人の現場からの定点観測的な報告である本書が、何がしかのメッセージを、読んでくださった方々に伝え得たならば幸いである。

二〇〇七年春

福嶋　聡

目次

Ⅰ　本屋とコンピュータ

1 (1999.9)

「本屋とコンピュータ」このタイトルでコラムを連載しようと思う。

このタイトルは、無論ある別のタイトルへの連想を予見している。『本とコンピュータ』、つまり津野海太郎氏の著書、そしてまた彼が中心となって刊行を続ける季刊誌の名でもある。そこでは一貫して電子情報と本のせめぎあい／共存の可能性が現状から未来へのベクトルの中で問われ続けている。ひとことで言えば、コンピュータは本の製作者にとって両義的（アンヴィヴァレント）な存在である、すなわち、編集作業を大いに助けてくれる一方、本という形の媒体の存在理由（レゾン・デートル）を脅かす。これは書店人にとってももちろん重要な（死活）問題だが、差し当たり『本とコンピュータ』の方に任せる（9号［一九九九年夏号］の木田元氏の文章に共感、乞うご一読）として、このコラムでは、コンピュータの導入（いわゆるSA［ストア・オートメーション］化）、電子情報の利用が書店現場をいかに変えたか、今後どのように変えていくのだろうか、どのように変わるべきなのだろうか、というテーマに特化して議論を進めたい。

その時肝に銘じておきたいのは、決して大所高所から論じたりはしない、ということだ。一書店人として、あくまで現場の目線で、現場で起きていることを精確に観察することから始めたい。

例えば…、在庫検索の問題を取り上げよう。キーボードを叩けば、本の在庫数や在り場所を示してもらえるのはありがたい。現在使っている検索システムでは、前方一致でしかヒットしないが、それでもとても便利である。だが、例えば書籍総目録に劣るのは、音ではなく文字による検索である点だ。この場合書名の頭に来る鉤括弧《かぎかっこ》などが厄介なのだ。〝「〟なのか〝『〟なのか、あるいは〝［〟や〝〈〟なのか、そしてそれぞれ全角なのか、半角なのか？（中黒・、引用符—、カタカナやアルファベットも同様）

前方一致検索の場合、それが違うとヒットしてくれない。そしてデータベースに記されたものは、入力した人の判断（や癖、趣味）によっており、恣意的と言ってもよい。いっそ、鉤括弧は一切入力しない、と決めてくれた方がずっと助かる。あちこちでバラバラにデータ入力するのはそろそろよしにして、皆が共有・共用できるデータベースのアーカイヴを構想したらどうか。ぼくには、長野・須坂の共同倉庫構想よりずっと容易で有意義なように思われるが…。最低、入力規則の標準化は訴えたい。

2 (1999.10)

クヴィエタ・パツォイスカーという人の絵本が欲しいという問い合わせがあった。児童書の担当者はいない。ぼくは絵本作家については、まったく知識が乏しい。こういう時のためのパソコンも役に立たない。取次のトーハンから送ってくれるデータベースでは、外国人の著者名はほとんどファーストネームから入力していて、しかもカタカナだったりイニシャルだったり、それぞれ半角だったり全角だったりで、それに…。そう、この後に続く事情が今回のテーマである。

何とか手がかりをつかもうと、作家名以外に何かご存知ではありませんかと訊いてみた。お客様はニッコリして、「この間、ＮＨＫの番組で紹介されてたの。それは、すばらしい絵だったわ」と答えた。

なるほど、舌を嚙みそうな名前の作家の絵本を探しにわざわざご来店いただいた動機はよく分かった。しかし、捜査に進展はない、ぼくにとって手がかりとなるようなものは、ひとつも増えていない。「あんな風に紹介されていたから、本屋さんはみんな喜んで沢山仕入れているか、と思ったんだけど。」まさに、そうあるべきだろう。現状では買いかぶりとしか言いようはないが、その買いかぶりがお客様を書店へ連れてきてくれているなら、ぼくらはもっとそれを大事にすべきだ。

「この人ではありませんか？」その時、救いの声がした。わが店の芸術担当者が、書籍総合目録の著者索引に、かの舌を嚙みそうな名前を発見したのだ。そこから書名を拾い、パソコンで在庫とありかを確認して、二冊お売りすることができた。お客様は感激していた。東京駅前の大型店で訊ねたら、すぐにパソコンで調べてくれたのだけれど、何も分からなかったというのだ。「分からなかったのは、すぐにパソコンで調べたからですよ。」ぼくは、即座にそう答えてしまった。件の大型店のデータベースに欠陥があったと言いたいのではない。コンピュータの弱点をあげつらい、書物を擁護するのが目的でもない。

　この場合、著者が外国人であったことが結果を分けたのだ。外国人の名前のカタカナ表記は、どうしてもゆらぐ。現にお客様のメモに書かれた名前は、著者名索引の表記とは微妙に違っていた。だからこそ、厳密な一致を要求するコンピュータではなく、一覧を順にたどるしかない書籍型の目録で見つけやすかったのだ。まさに、「ギョエテとは、誰のことかとゲーテ問い」である。繰り返すがコンピュータ・データベースの劣位を述べ立てるのがぼくの目的ではまったくない。このエピソードを紹介したのは、それを、データベースのありようへの提言へ結び付けるためである。

3（1999.11）

　前回、書籍型の目録では、検索にあたって「一覧を順にたどるしかない」と書いた。だが、このことは、「一覧を順にたどることができる」と肯定的に書くべきかもしれない。例に挙げた外国人著者の名前のように、表記のしかたにゆらぎがあるなど、曖昧な情報による検索は、厳密な一致を要求されるデータベース検索には馴染まないからである。

　ひるがえって、我々がものを探す場合、手がかりは曖昧であることがほとんどだ。ありそうなところに当たりをつけて、なければその前後左右を探す。それでもなければ、探索範囲を少しずつ広げていく。最初の「当たり」が間違っていたら即座に探すことを諦めるなどということはない（ヒトに限らず生物は、試行錯誤を通じて目的のものにたどり着くことを常とする。生態心理学の「アフォーダンス」という概念、その周辺の実験・観察が興味深い）。書籍のデータベース検索において、厳密な一致を要求されるのは、最初の「当たり」だけで検索の成否を決定づけられることであり、「自然」に反する。データベース検索においても、「当たり」が違っていた時に前後の項目を確認できる「一覧性」が欲しい。このことは、辞典・事典のCD-ROMが「索引―検索」として既に実現していることである（ただし、「一覧性」「前後」といっても、紙の目録とコンピュータ・データベースでは、様子は大分違ってくる。コンピュータ・データベース上では、同じ「当たり」をつけても、カナ（読み）で検索した時と漢字（文字）で検索した時とでは、「前後」にあるデータはまったく異なってくる）。

余談だが、「厳密な一致を要求する」という「自然」に反した態度は、さまざまなケースで見られる。卑近な例では、ある本の問い合わせを受けた書店員が、その本があるかないかを答えることにのみ血眼になる場合である。よし問われた本がなかった場合に、なぜ紹介すべき他の本がないか探してみないのだろう。その本が置いてあった書棚にお客様をお連れし、「前後」を見せないのだろう。むしろ、それが間違いないと知った時、「その本は絶版です」と誇らしげに答えて満足しているありさまである。

「一覧性」これが、ぼくが書籍データベースの検索機能に求めたい第一である。これは、いわば形式面。ではぼくが求めたい第二、内容面（データベースの項目）とは何か？　それは、一冊一冊の書籍の「履歴」である。

4　(1999. 12)

ぼくが書籍データベースに求めたい第二、それは一覧性という形式面と平行する内容面、「履歴」の項目である。それは、具体的にはどういうことなのか？

書店現場に立っていると、読者がある本を求める動機が実にさまざまであること、その本を購入したい、あるいは手にとって見てみたいと思ったきっかけが実に多様であることがわかる。新聞・雑誌の書評で見た、テレビ・ラジオで誰それが紹介していた、何か賞を受けたらしい、云々…。読者と一冊の本を結ぶ道筋は、実に多方向に延びているのだ。そのこと自体はおよそマーケティングや情宣と縁のない小売である書店としてもありがたいことなのだが、我々書店人を悩ませるのは、多くの読者が、肝心の本の特定よりもその道筋の記憶に長けていることなのだ。「〜か何かで見た」「〜が褒めていた」「最近、賞を取った」ことは確かだが、書名も著者も忘れてしまった、この手の問い合わせがいかに多いことか。そして、その手の問い合わせのいかに多くが、書店現場で迷宮入りとなり、貴重な販売機会を逸していることか（あとで、ああこれのことか、と在庫を発見することも多い）。

書籍データベースに、書評記録、マスコミ紹介記録、受賞記録、その他のエピソードのフィールドがあり、そちらからでも検索できたらどれだけ助かるだろうか、と書店人がこいねがう所以である（「ピグマリオン」→「マイ・フェア・レディ」、「日々平安」→「椿三十郎」といった映画原作項目も嬉しいかもしれない）。それらのフィールドを埋める情報は、通常その本が世に出て以後に付け加わったものだ。そこでそれらをひっくるめて「履歴」と言ったわけである。

一冊の本が誰にどう読まれたか、運命的な出会いが（場合によっては、その出会いのずっと後になって）爆発的な売行きを産み出すこともある（神谷美恵子『こころの旅』日本評論社・みすず書房＝美智子皇后の愛読書、羽仁もと子『おさなごを発見せよ』婦人之友社＝紀子妃が出産を前に実母から贈られた本）。そうした「履歴」の多くは、著者や編集者にも予想しえないものだろう。刊行された後の「履歴」について敏感なのは、むしろ営業的センスと言える。「履歴」フィールドの設置は、だからデータベースに営業的視座を確保することと言うべきかもしれない。そして、そのことこそ、データベースの実効性を高めると共に、出版業界がインターネットという両刃の剣と上手く付き合う方法であると思うのである。

5 （2000.1）

年末にこんなことがあった。

あるお客様が、保康某という人の書いた「陸軍の〜」という本をお探しで、問い合わせを受けた店員が、店の在庫のデータベースや、「書誌ナビ」を検索してみたが、保康という著者は見当たらないというのだ。お客様は、『文藝春秋』の一月号で、その書評をご覧になったらしい。もちろんぼくは、コンピュータ画面など見向きもせずに、雑誌売場に駆けていき、『文藝春秋』を開いた（まだ販売中の月刊誌の書評欄で紹介されている本を探しに来てもらえたなんて、何てラッキーなことか！）。

お客様がお探しだったのは、保阪正康著『昭和陸軍の研究』（朝日新聞社）だった。無事、在庫も見つかり、お買い上げいただいた。「保康」や「陸軍の」で前方一致検索をかけてみても見つかるわけはない。かといって、そのお客様がとんでもなく間違った覚え方をしていたわけでもない。書店現場のよくある一風景である。

お客様がある本について知ったその情報源が手元にあったことが、解決の鍵であった。思えば、四方八方からの「問い合わせ攻撃」にさらされ続ける書店人の夢は、お客様と同じネタ元を携えていたい、瞬時にそれにアクセスしたい、ということに尽きるといってもよい（最もお客様にとって近く、最も書店人にとって遠いネタ元とは、「さっき観たテレビ」だ）。そのために、ぼくは、書店に勤め出して間もなく、あの手この手でつくり上げた店の顧客名簿の住所に、さまざまな図書目録を送付し始めた。

お客様により多くの情報を提供したい、というより、お客様が本を探す時のネタ元が、自分も持っているものであって欲しいという動機からだった。書評欄や広告を（大抵はお客様に言われた時初めて）見るだけのために新聞を店で取っていたのも、パンフレット「これから出る本」や、さまざまなPR誌、新刊案内などを苦労してファイリングしていたのも、同じ動機からだ。

さて、わがジュンク堂も大阪本店を基地にインターネット書店を立ち上げ、それを機会に各支店にインターネット接続用の端末が配置された。ぼくが、ジュンク堂のホームページをスタートページに設定した後、書協の「Ｂｏｏｋｓ」に続けてすぐさま「国立国会図書館」、「論座ネット」（書評が検索できる）、「日本の古本屋」、「図書館流通センター」、引き続きライバルの紀伊國屋、丸善、旭屋のホームページを「お気に入り」に登録したのは、もちろん、ネタ元に関して読者に遅れをとってはならじ、あわよくば読者より多くのネタ元を持っておきたいという、書店現場の人間としての思いからである。

6 （2000. 7）

六月三〇日、書協（日本書籍出版協会）の事務局長・データベースセンター部長、本間広政さんと会った。「書籍総目録」から、そのネット版ともいうべき「ＢＯＯＫＳ」へ、より使い勝手のいいデータベース構築を目指している本間さんとぼくは、現時点での問題意識も共通している。

それは、データベースの規格化である。雄ネジの山の間隔がてんでバラバラでは、雌ネジの生産も効率的にはいかないだろう。そもそも、そうしたネジを利用している製品の効率的な生産が不可能になる。恐らくは、原理的にはそうした素朴な事実を踏まえて、ＪＩＳ（日本工業規格）は生まれたはずである。データベースもそうである。つくる人々がみんなてんでバラバラな仕方で入力していたら、検索にも使えない。そもそも、あちこちで、同じ本のデータを別々の人が入力していること自体が無駄とも言える。差し当たり、書協がそうした規格化、あるいは入力の統合を図れる組織か、と思った。

ところが、よくよく聞いてみると、書協だってそんなに強い組織ではない。書籍をつくり、流通させている出版社のすべてが加入しているわけでもない。出版界というものが、もともと個性派集団の集まりである以上、誰かが旗を振れば、簡単に従うような世界でもない。そういう意味では、書協という組織も、データベースの規格化というプロジェクトも、大変な困難を抱えているのかもしれない。

しかしながら、たかがデータベースの書名の鉤括弧を半角にするか全角にするか（或いはそもそも鉤括弧を無視して入力するのを規格とするか）、外国人著者の名前の入力の順序をファーストネームからにするかファミリーネームからにするか、などといった実はどうでもいいことが問題になっているのだ。誰かが号令を発すれば、異論は出ないであろうようなこと、つまり、どっちでもいいことが決められかねているのだとも言える。実に、非生産的な事態である。「とりあえず、これを書籍のデータベースの規格にしましょう」という提案を、別にバックボーンはなくてもいいからぶち上げる組織をつくりましょう、最初につくられた規格がおそらく統一規格になるでしょう、と言うぼくと本間さんの結論は、だから、実は正解なのではないかと思う。

（2000. 8）

7

久しぶりに、講談社の永井祥一さん（営業企画部）に会った。講談社には全然別の用事で行っていたのだが、ついでに会えればいいなと思っていた。直前に、湯浅俊彦氏（旭屋書店外商部）から新著の『デジタル時代の出版メディア』（ポット出版）が送られてきていたし、その少し前には、永井氏、湯浅氏、ぼくの三人も稿を寄せている『本とコンピュータ』二〇〇〇年夏号も出ていたからだ。

一九九一年に『書店人のしごと――SA時代の販売戦略』(三一書房)を上梓し、来るべきSA化時代に向けありうるべき構想を(机上ながらも)提示したぼくに対して、真剣な異議を唱えてきたのが湯浅氏であった。主に(当時はまだ萌芽しか見えなかった)書店SA化についての立場、意見の相違を認めながら、互いに状況に対する真剣さだけは認め合えたぼくたちは、その時既に湯浅氏が始めていた「書店トーク会」という勉強会を、共同して運営していくようになった。その会で、いわばぼく側の証人として、ノーギャラで来ていただいたのが、当時講談社のDC-POS(実売データ収集システム)や出版VAN(有料オンライン受発注システム)構想に尽力されていた永井氏だったのである。氏は、一九九四年に『データが変える出版販売』(日本エディタースクール)を上梓された。

「皮肉なもんですよね」と、ぼくは永井さんに笑いながら語りかけた。あの当時は、バーコードをつけることさえ、装丁家や編集者に嫌がられた。今となっては、当たり前のこととして受け入れられている。書店のPOSレジも、少なくともぼくが予想した以上に早いペースで導入された。今や、POSデータが売上カードに成り代わっている。面白いのは、『本とコンピュータ』誌上で、書店人に対して、ぼくがひたすら「謙虚であること」を要求し、永井さんが「商いに徹すること」を要求していることである。一方湯浅氏は、「独自のオンライン書店を立ちあげて読者拡大に努めるしかありません」と言い切る。他方、ぼくと永井さんは、コンピュータのコの字も言っていない。ぼくも永井さんも、そして湯浅氏も、宗旨変えしたわけではまったくない。こうなることは分かっていて、三者三様の道のりを模索していただけなのだろう。ものごとを真剣に考える人達が、必ずしも評価・優遇されるわけではない。だからと言って、一回切りの人生、他人の顔色ばかりうかがって過ごして楽しいものではない。そんな風に突っ張っていても、ふと不安になることもある。永井さんに会いたいと思った気持ちは、そうしたところから生まれてきたのかもしれない。

8 (2000.9)

九月七日、お昼に書協の本間さんにお会いし、夜にはひつじ書房社長の松本功さん、元作品社の小林浩さん（現・月曜社）と会食した。なかなか忙しい一日となったが、また、刺激的な一日でもあった。三人がそれぞれ立場を異としながらも、出版—書店業界の現状を憂え、憂えるだけではなく何とか打開する方法を模索している人達だからである。

本間さんは現在、「BOOKS」の整備、使用契約者（社）の獲得に腐心されている真っ最中である。「BOOKS」の売りとしては、品切れ・絶版情報を含め、リアルタイムなメンテナンスによって、流通状況が他のどのデータベースよりも正確であること、既刊書の情報だけでなく刊行情報（これも差し当たり「これから出る本」のネット版と考えていただければよい）にもアクセスできることであり、特にこれから増えていくであろうウェブ書店には不可欠なものとの自信があるが、いかんせん現在年間契約料二〇〇万円という価格のため、思うように使用契約者（社）が増えていないという悩みを持つ。もちろん契約者（社）さえ増えてくれれば、データベース作成の経費やランニングコスト自体は変わらないから、契約料はその分安くなるのだが、ニワトリが先かタマゴが先かという状況であるという。

とにかく、業界全体のインフラとして「ＢＯＯＫＳ」が使われて欲しい、そこからさまざまに情報加工して、個性的な「リアル書店」や「ウェブ書店」が業界に活力を与えて欲しいというのが、本間さんの願いであり、ぼくはそのことに深く賛同する。取次やウェブ書店、さまざまな業界団体が、それぞれ労力をかけ、同じコンセプトの書誌データベースを競争してつくる状況は、まったくの無駄としか言いようがないからである。

その著書『ルネッサンスパブリッシャー宣言』（ひつじ書房、一九九九年）以来、さまざまなユニークな提案を行ってきたひつじ書房の松本社長は、「Bookcafeライブ」という企画について熱っぽく語った。これは、書店員や取次の人達を集めて、本を書いた書き手、本をつくった編集者が、サンドイッチとビール程度の軽食を取りながら、九〇分間のライブをするというものだ。いわば、つくり手による本のプロモーションの場であり、本をめぐる意見の交換の場所にもなるといいという目論見である。書店員にとっては、仕入れ能力を試し、磨く場所ともなる。

そうした試みが、書店現場でつくり手と読者の間でなされるのも一興（その書店では、うまくいけばその本の事前予約が取れる）という小林さんの意見も出て、いずれにせよそうした試みはゲリラ的にでも火の手をあげる（実行に移す）ことが大事であり、噂を聞きつけた書店員たちの参加が少しずつでも増えてくれれば、面白いことになる、と三人はビールを片手に熱心に語り合った。

一枚のチラシを片手に頭を下げるしか能のない出版社営業マンのプレゼンテーション能力のなさ、それに見合った書店員の仕入れ能力のなさ、その双方を嘆く声、現状に対する危機感をあげつらう声は高い。だが、それらの能力を再構築しようという声は意外に上がってこないし、そのための試みを提案する声も低い。ぼくらの企画がどれだけ実効性があるかは分からないが、少なくとも、危機や困難に直面した時、それを嘆くだけではなく打開しようとするエネルギーと工夫が、何よりも大事であると思う。


（2006. 2）

9

昨年一二月六日、日本出版クラブで行われた「次世代メディアコンテンツ店舗活性化研究会」に参加した。主催は、ＪＰＯ（日本出版インフラセンター）である。

ＪＰＯは、出版業界のインフラとして、統一された書誌データの構築を目的として発足されたが、出版物への電子タグ挿入構想においても検証実験の中心となっている。経済産業省の「響プロジェクト」から補助金を受けての検証はすでに三年目を迎え、流通段階でのテストは終了し、今年は店頭での読者サービスを視野に入れてのテストが予定されている。それを経て、コミックから導入していく計画という。

研究会での大きなテーマは、電子タグに書き込む項目の検討である。電子タグにはデジタル情報が書き込まれるわけだが、現行のバーコード等とは違い、個体認識ができる（＝一冊一冊についてシリアルナンバーが振られる）上に、業界全体、各企業、個店で書き込みができる余白がある。そこに書き込む項目の設定について、書店現場から広く意見を聞きたいというのが会議の趣旨である。各社に持ち帰り、現場からの意見を吸い上げ、次回（二月一六日）に、さまざまなアイデアを持ち寄ることを宿題として課された。電子タグについて整理すれば次のようになる。

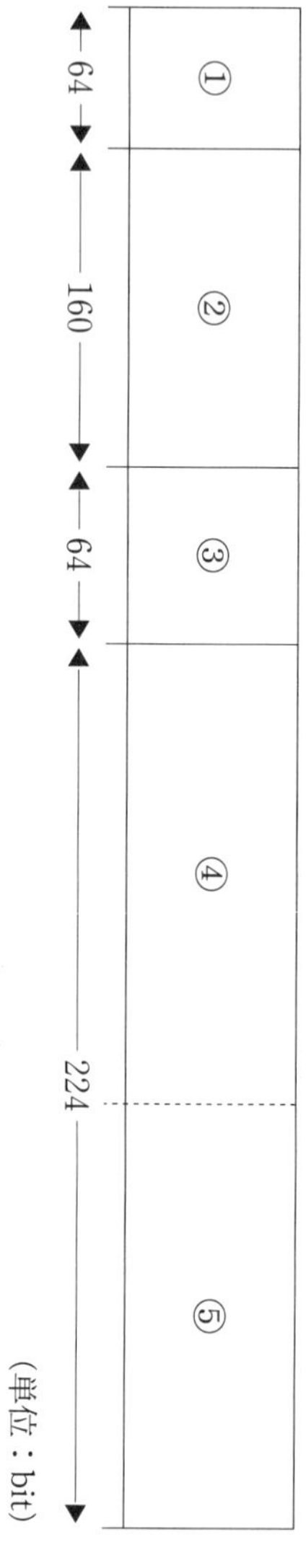

①セキュリティ用使用領域
②世界標準
③電機メーカー使用領域（基本的にＩＣタグの製造番号）
④出版業界標準使用領域
⑤個別書店使用領域

アイデアを求められているのは、④と⑤の部分である。ＩＳＢＮ（International Standard Book Number 国際標準図書番号）とシリアルナンバーは②に書き込まれる。ＪＰＯでは、④に共有書店コード（6桁）、出版社コード（4桁）、取協コード（3桁）を書き込もうと計画している。④と⑤の領域の割振りは決まっておらず、⑤の領域が大きくなればなるほど、各書店リイドで書き込む部分が多くなる。

要するに、個々の商品の属性を情報として付加できるわけであるが、それには「客注」「フェア」や取引条件などが考えられる。現場からは、発注者、受注者などを書き込み、責任の所在をはっきりさせる工夫が欲しいという意見も出ている。レジを通っていない商品を識別し、万引き防止につなげるシステムも期待されている。

さて、思いがけず、この件について看過できない文章に出会った。

小売りや流通における既存の情報システムを利用できるという点で、坂村（健）式の方がEPC（Electronic Product Code─引用者注）よりもすぐれているといわれている、しかし、トロンのときと同じく、坂村方式は国際標準から締め出されつつある。米国の圧力に屈して日本のオリジナルの技術であるトロンを見捨てた最大の張本人は旧通産省であった。そして、またしても無線ＩＣタグの標準についても、旧通産省の後継者である経済産業省が坂村方式よりも、米国のＥＰＣを普及させようと補助金をつけている。「響プロジェクト」がそれである。（本山美彦編『「帝国」と破綻国家』ナカニシヤ出版、二〇〇五年、一二九頁）

先にふれたとおり、ＪＰＯの検証実験は、まさに「響プロジェクト」の一環である。わが業界の改革プランも、否応なく国家戦略に巻き込まれているのだ。

「軍部が開発した兵站システム（ロジスティックス）の技術が流通業者、そして製造業者に模倣されるという過程が過去には存在していた。ところが、最先端のロジスティックスは、それまでは軍隊を模倣していたはずのウォルマートによって開発されるようになり、いまでは、ペンタゴンが、本格的にウォルマートに戦場での兵站業務を委嘱するようになった。そうしたウォルマートとペンタゴンは無線ＩＣタグに関して共同行動をとり始めた。この一点に事態の容易ならざる怖さがある」（二〇六頁）と、本山は警鐘を鳴らす。

人は確実に監視される。なんらかのイベントやコンファレンスに出席する人に入場バッジが配られ、なんの警戒感もなくそのバッジをつけた参加者を、情報当局は、参加者の行動を苦もなく把握できる。（一一二頁）

RFID（ICタグ、ICラベルのこと─引用者注）が人間の監視を伴うシステムに転化するのではないかとの危惧が現実のものになった。二〇〇四年七月、「連邦医薬品監督庁」（FDA）がフロリダ州パーム・ビーチに本拠を置くRFIDのタグ生産メーカー、ベリチップに対して、同社製タグを病院の患者の皮膚の内部に注入して患者を特定することを認めた。すでに、この会社製のタグは七千個販売され、うち、一千個が人体に埋め込まれたという衝撃的な事実も報告されている。（一一六頁）

こうなると、ことは穏やかではない。

そもそも、例えばインターネットもアメリカの軍事戦略から生まれたものであり、ことさらにそのことを言挙げし、現在進行中のJPOのプロジェクトの邪魔立てをしようとは思わない。それは、建設的ではないし、また不可能だろう。ただ、流通改善、読者サービスを期しての業界挙げての取り組みが、知らず知らずのうちに「帝国」のグローバル戦略や「監視社会」へ荷担する危険性を自覚した上で、慎重に議論を重ねる必要があることは間違いないと思う。

10 (2005.12)

長年来の盟友であり論敵の湯浅俊彦氏から、新著『出版流通合理化構想の検証――ＩＳＢＮ導入の歴史的意義』（ポット出版）をご恵送いただいた。

日頃慣れ親しんでいるもの、あるのが当たり前のように感じられているものは、時としてそれが最初からずっと存在していたものであるかのような錯覚を与える。大きな話ではたとえば近代国家＝国民国家がそうだが、われわれの身近でも、ＰＯＳシステムなど今では完全に書店の日常業務に入り込んでおり、もうずっと以前から存在していたかのように感じられる。そのＰＯＳシステムを可能としたＩＳＢＮも、今では書籍に付いているのが当たり前のものだが、日本への導入は一九八一年、今からたった二五年前のことだ。導入時の経緯・葛藤を、残された資料から丹念に拾い上げ、整理してまとめたのが、今回の湯浅氏の本である。

ＩＳＢＮ導入の発端は、一九七六年に日本で国際出版連合大会（ＩＰＡ）が開催されて国際交流が進み、国際標準図書番号機関（International ISBN Agency）や国立国会図書館から、ＩＳＢＮの導入の勧告や要望がなされたことにある（『出版流通合理化構想の検証』一七頁）。日本においては、まず図書館界からの強力な働きかけがあったのである。それは、図書館にとっては、「出版情報を的確に把握できるということは図書館にとっては利用者への資料提供が円滑になり、それこそが市民の知る権利を保障し、民主主義の礎になる」（六一頁）からであり、日本図書館協会理事の森崎震二は、「元副館長中井正一の理念がここに実ったかにさえ幻想する者がいても不思議ではない」（二〇頁）と述べている。中井正一こそ、全国の図書館の本のカードをひとつのところにあつめる〝ユニオン・カタローグ（総合目録）〟を構想、希求した当の人である。

働きかけられた側の出版業界は、「ISBN導入を機に「出版資料情報センター」を中核とする出版流通合理化を実現しようとした」（五一頁）一方、出版流通対策協議会などの強い抵抗・反対にも遭った。いくつかの反対理由の第一は、「国家が出版情報を一元的に管理することによって戦前のような思想統制の道具にするのではないかという見方」（六一頁）である。それはまた、「図書館の貸出業務がコンピュータ化されることによって個人情報が国家に管理されるのではないかという危惧」（七四頁）にもつながっていく。

後者の危惧に対して日本図書館協会は、「貸出に関する記録は、資料を管理するためのものであり、利用者を管理するものではないことを前提にし、個人情報が外部に漏れることのないコンピュータ・システムを構成しなければならない」（七五頁）と応じている。今日の「個人情報」をめぐる議論は、この頃すでに始まっているのだ。

一方、「出版販売額全体のうちのわずか一％に満たない資料購入費から見て、図書館界から出版流通に関して出される意見は不幸なことに大きな影響を与えるまでには至っていない。コンビニエンスストア業界が一九八〇年代から雑誌コードや書籍JAN（Japanese Article Number―引用者注）コードを出版物に表示するように要請してきたことに対する出版業界の敏速な対応を見ればその差は歴然としている」（五八頁）という背景もある。

このことは、日本の出版業界と図書館界の関係を見る上で、押さえておかれるべきだと思う。裏返せば、出版業界と図書館界が、今とは違った関係を築き上げる余地があるということなのだ。そうした背景は、ISBNやバーコードの付与が前提となるPOSシステムが「コンビニエンスストアによる出版物の取扱いとそのことがもたらす書店経営の危機」（一一六頁）をもたらしたこととも、大いに関連する。「もともと日本図書コード管理委員会が事務レベルで「書籍JANコード（バーコード）」の研究を始めたのは、一九八五年にPOS管理にバーコードを最大限活用しているコンビニエンスストアからの要望に対して、新潮社などの大手出版社が対応を迫られたから」（一二六頁）なのだ。こうした経緯を冷静に見つめれば、書店業界が図書館界を〝仮想敵〟と見なすことが大きな方向違いであることは明らかだということを、改めて主張しておきたい。

本書の目的として湯浅氏は、「一九八〇年代に大論争を巻き起こした「日本図書コード」導入問題を、書誌情報・物流情報のデジタル化というその後の史的展開の前史と位置づけ、日本における出版流通合理化に与えた影響を検証する」と、巻頭で述べている。また、ジュンク堂のPR誌『書標（ほんのしるべ）』に寄せてくださった「著書を語る」によると、「これから本格化するであろう電子出版の時代を前に、紙の本の書誌情報・物流情報デジタル化の歴史的意義をきちんと考えようという企て」である。

書誌情報・物流情報さらにはコンテンツそのもののデジタル化は、出版・書店業界に大きな変化をもたらした。そこには、思いもかけなかったような事態もあった。今後の展開については、さらに誰にも予想はできない。

出版業界のインフラである書誌データの共有を目指すＪＰＯが立ち上がり、書籍のＩＣタグの検証実験もはじまった今、歴史的経緯を地道に考察する湯浅氏のような仕事が、大いに参照されるべきであろう。

11 (2006.3)

「ブックハウス神保町」での「電子タグ検証実験」に参加した。午前一〇時に集合、講談社の永井祥一氏が司会・案内役をつとめ、ブックハウス神保町吉永祥三店長、システム開発を担当したメーカー担当者の概略説明のあと、二手に分かれて実際に電子タグの店舗での実証実験を体験、説明を受けた。実験といってもすでにブックハウス神保町では日常的に提供されているサービスであり、活用されているシステムである。再度集合して、質疑応答が開店時刻の一一時を少しずれ込む時間まで続けられた。

参加した我々が見聞した実験は、次のようなものであった。

まずは、店舗の隅におかれたＫＩＯＳＫ端末。その台に商品を載せると、ディスプレイにさまざまな関連情報の項目が現れ、選択することができる。実験では、『名探偵コナン』が使われ、試読（シュリンクのため中身を見ることのできない商品のコンテンツの一部紹介）や、劇場映画の予告編などが流れた。関連商品の紹介で、来店者の消費意欲を煽るのも大きな狙いである。

意地悪な感想を述べれば、「試読」はシュリンクを破ればもっと簡単にできるし、そもそもコミック売場以外の書店店頭では、シュリンク自体なされていない商品がほとんどだ。例外的な商品であるタレント写真集などは、買って帰らないと中身を見ることができないからこそ売れるともいえる。一方、CDがパッケージされた語学書の試聴などは有効であろう。

書籍の場合、商品そのものに含まれない情報が、KIOSK端末のコンテンツとしては有効だと思う（これは、ぼくがPOPに要求する属性と同じである。いみじくも書店員の手書きPOPの画像も、コンテンツの候補として採用されていた）。受賞履歴だとか、書評などである。同じ著者の他の作品、同じ問題を扱った書籍、同じ分野の書籍、同じ学派や対立する学派の書籍など、多項目にわたった関連商品を掲示するのもよいかもしれない。

こうした端末を何台設置すればよいのかということも、書店現場では重要な問題になるだろう。現在、単に書誌データが表示されるだけのタッチパネルにも、客は並んでいる。KIOSK端末のコンテンツが充実すればするほど、一人の客の使用時間が延び、端末前に並ぶ客の列も延び、皮肉にも客のフラストレーションが増大し、トラブルの発生源ともなってしまうという惧《おそ》れを払拭することはできない。

アダプタに携帯電話を接触させることによって同じようなサービスを行う実験も行われていたが、ＫＩＯＳＫ端末に比べればアクセスできるコンテンツが質量ともに劣ることは避けられないし、やはり設置台数の問題は共有している。

一方、バックヤードでは、個体認識による商品管理の実験が行われている。商品一冊一冊にシリアルナンバーが振られているため、一冊一冊の属性が記録、管理され、その情報をいつでも呼び出すことができる。商品をディスプレイの前の台に置くと、その商品の仕入先、取引条件、販売条件、返品期限、ロケーション、入荷日が、同じＩＳＢＮの商品（つまりいわゆる「同じ本」）の情報（上記の項目プラス販売日）と共に表示される。これによって、返品、追加発注などの書店員の判断を支援するとともに、仕入先や返品期限の明示により作業の正確化が図れる。

また、同じＩＳＢＮの商品に複数の販売条件を振りあてることができる。具体的に言えば、「同じ本」でも再販商品とバーゲン本等の混在が可能になるのである。小学館相賀社長の英断により再販制度の弾力運用を大きな目的として誕生したブックハウス神保町（小学館グループの書籍専門物流会社である昭和図書が直営店として開設）は、こうした実証実験には打ってつけの店であり、書棚には魅力的なリメインダー書籍（概ね定価の半額）が並んでいた。

ブックハウス神保町では現在、電子タグはスリップのようなものに装着され、一冊一冊の商品に挟み込まれている。抜け落ちることを考えると、商品そのものに装着することがベターだろうが、いずれにせよ、出版社、製本所などのメーカー段階、取次、書店の流通段階、それぞれのプロセスで必要となる経費（そこには当然「手間ひま」も含まれる）と販売への効果のバランスがもっとも重要なポイントであろう。書物という商品の特性を考えると、電子タグの装着や書き込みのために「新鮮」な商品が店頭に並ぶのに遅れをきたすようなことがあれば、本末転倒というべきである。

帰り際に、ブックハウス神保町と電子タグ実証実験の記事が載った『月刊マテリアルフロー』2号を購入した。この商品も謝恩本で、定価一五七五円のところ一二〇〇円で販売されていた。清算後、購入特典提供サービスを受けた。スリップ形式で装着された電子タグを電子タグリーダーにかざすと、ディスプレイ上の的が回転し、そこに矢が放たれ、当たりに的中すると図書カードがもらえるという趣向であった。子ども向けには、的の回転の代わりに、動物の乗った自動車レースが展開される。まさにパチンコの発想である。ぼくの場合は、見事に外れた。

書物購入のほんとうの当たり外れは、その書物を読み終わった時に明らかになるものだよなという思いが、ふとよぎった。

12（2006.4）

『ウェブ進化論』（梅田望夫著、ちくま新書）が、よく売れている。

「インターネット」「チープ革命」「オープンソース」を「次の一〇年への三大潮流」と捉え、「Ｗｅｂ２・０」と呼ばれるＩＴの現状と展望をわかりやすくまとめた好著である。振り返れば想像を遙かに超えたＩＴの急速な進歩を鳥瞰し、現在の足場を確認するため、特にＩＴに詳しくない（ぼくを含めた）文系の読者が読むべき本だと思った。

まずぼくの目を引いたのは、「ロングテール」論である。「ロングテールとは何か。本という商品を例にとって考えてみよう。」梅田は、「第三章　ロングテールとＷｅｂ２・０」をこのように語り始める。一年間にどんな本がどれだけ売れたのかを示す棒グラフをつくってみる。縦軸には販売部数を取り、横軸には、二〇〇四年のベストセラー、『ハリー・ポッターと不死鳥の騎士団』『世界の中心で、愛をさけぶ』『バカの壁』……と販売部数順に書目を並べる。横軸を一点あたり五ミリとし、縦軸を一〇〇〇冊あたり五ミリとしてグラフを書くと、三年間の新刊だけで、体高一〇メートル以上だが、すぐに急降下しあるところから地面すれすれを這いながら一キロメートル以上の長い尾（ロングテール）を持った恐竜のシルエットのようになる。それは紙の上には図示できない。

従来、本の流通の関係者（出版社・流通業者・書店）は、ある程度以上売れる本、つまり「恐竜の首」（グラフの左側）で収益を稼ぎ、ロングテール（延々と続くグラフの右側）の損失を補うという事業モデルでやってきたが、ネット書店はこの構造を根本から変えてしまい、ロングテール論が脚光を浴びた。きっかけは、二〇〇四年秋に、アマゾン・コムは全売り上げの半分以上をランキング一三万位以降の本（リアル書店「バーンズ・アンド・ノーブル」の在庫が一三万タイトル）から得ていると、発表されたことだ（後に「三分の一以上」と訂正されたが、それでも瞠目すべき割合だ）。いわば「塵も積もれば山」で、一点一点の売り上げが少なくても、ロングテールを積分していけば長い首も凌駕する、というわけである。リアル書店の在庫負担と違ってリスティングのためのコストが限りなくゼロに近いネット書店だから、それが可能だというわけだ。
そこには「(≒無限大)×(≒無)=something」がインターネットの強みだという見方がある。

放っておけば消えて失われていってしまうはずの価値、つまりわずかな金やわずかな時間の断片といった無に近いものを、無限大に限りなく近い対象から、ゼロに限りなく近いコストで集積できたら何が起こるのか。ここに、インターネットの可能性の本質がある。（一九頁）

だが、さしあたり、本という商品について「ロングテール」論が成立するのは、ネット書店だけではないと反論しておこう。ジュンク堂書店は、決して「恐竜の首」派ではない。随分前から、ひょっとしたら発祥の頃から「ロングテール」派だったと言える。できるだけ多くの点数を揃えて、一人でもその商品を必要としているお客様を待つ、というのが社是であり、戦略だったからだ。そのために、敢えて言えばそのためだけに、池袋本店は日本最大の二〇〇〇坪の書店となった。「ロングテール」を実現するためである。ジュンク堂はアマゾン・コムと理念を共有しているのである。流通書籍の点数は、（非無限大）ではない。だから、そのすべてをひとつの空間に収納することは、不可能ではないのだ。

ぼくは、ジュンク堂池袋本店の現場にいて、「ロングテール」論の有効性を、誰よりも身に沁みて実感している。実際、当店の売上は、すなわち利益は、「ロングテール」部分の積分に大きく頼っている。無理して「ロングテール」を維持するために、「恐竜の首」に依存しているわけでは決してない。そうであるならば、『ハリー・ポッター』の売上競争にもっと血道を上げねばなるまいが、その必要があるとは、ぼくはまったく思っていない。「恐竜の首」派か「ロングテール」派かと問われれば、ジュンク堂は間違いなく後者であり、つまりアマゾン・コムと同じ側にいる。

だから、『ウェブ進化論』で提示されているのとはまったく別の問い方が可能であり、重要なのだ。「ロングテール」派にとって、リアルとネットとどちらが優位か、という問いが。

在庫負担、在庫するための空間利用のための負担（つまり家賃）について、確かにリアル書店はネット書店に対して不利な条件にある（つまり金がかかる）。「リスティングのためのコストが限りなくゼロに近い」ネット書店は、その点では圧倒的に有利かもしれない。実際に本が並んでいる空間を持つことが、そのためのコストに見合うか否かが先の問いの言い換えになる。「ロングテール」派としても、リアル書店のアドバンテージはあるというのが、書店現場に立つぼくの答えである。そして、そのアドバンテージを担保するのは、やはり個々の書店人の研鑽《けんさん》・努力であり、それに裏打ちされたレイアウト・空間づくりだと思う。

II　書店と図書館

1 (2002. 12)

いま、図書館問題が熱い。ただし、その熱さは、どちらかというと建設的でない議論によるものである。本が売れない、作家が食えない。図書館が無料で本の貸し出しをしていることも、その一因ではないか。日本書籍協会や日本文芸家協会は、そう疑っている。図書館は図書館で、資料費の削減や司書数の不足など、総じていえば予算不足をかこつ。

一一月二〇日に、東京国際フォーラムで行われた第四回図書館総合展のフォーラムのひとつ、「どうする？ 作家・図書館・公貸権」を聴講した。パネリストは、作家三田誠広氏と図書館職員二名であった。三田氏は、図書館が著作者の権利を制限することによって成り立っていることを指摘、作家の窮状を訴え、諸外国の例にならって「公共貸与権」の重視のもと、具体的な作家への保障を求める。図書館側の人たちは、争点となっている「複本」（予約者数の多いベストセラーを何冊も買い込むこと）も指摘されるほど多いわけではなく、自分たちは限られた、しかも削減されつつある予算の中で必死に頑張っていると主張する。

どちらの言い分も、もっともである。双方とももっともだから、最後には「お互いがみあっている場合ではない。作家も図書館も連帯して、国から予算をぶんどろう」、表現が荒っぽすぎるかもしれないが、つまるところこういう結論になる。

ところが、現実には国も自治体も台所事情は火の車である。経済状況も相変らず悪い。だとすれば、先の結論は余り生産性を期待できるものではない。

明らかに読者の視点が欠落している。あるいは、利用者の視点が。

読者や利用者のことを忘却しているわけではない。欠落しているのはその視点なのである。だからこそ議論が、「図書館で本を借りることができなかった利用者がその本を買うか？」という次元の低いところに留まっているのだ。買う人もいるだろうし、諦める人もいるだろう。同じ人が、場合によって買う時も諦める時もあるだろう。そんな流動的な因果性について、単に議論の上で黒白をはっきりさせようとしても、意味はない。

利用者の視点とは、「図書館にどうあって欲しいか？」である。自分にとって利用しがいのある図書館とは、あるいは応援しようと思う図書館とはどのような図書館なのか、必要なのはそのことを利用者の視点に立って具体的に見てみることではないだろうか。その時、悪いけれども（悪くはないか？）、さしあたり図書館予算の問題だとか、作家の生活のことは視野に入ってはいない。

利用者の視点に立った時、「図書館は無料貸本屋か？」という問い方は、「図書館利用者はただで本を借りることができることだけを望んでいるのか？」という意味になる。その問いに対して図書館利用者の一人が「自分はそうだ」と答えることは、アリである。だが、図書館側の人間が、あるいは作家、出版社、書店という書籍を市場に提供する側の人間が「そうだ」と答えることは、全称判断になってしまうから、偽である。

二〇〇二年七月に上梓した『劇場としての書店』（新評論）のあとがきにあたる部分で、ぼくは次のように書いた。

気になっている本を片っ端から買っていては、やはり経済的にもしんどい。それ以上に、すぐに置き場所に困ってくる。本が自宅の書棚から溢れるたびに、あるいは転勤による引越しのたびに、知り合いの古本屋に送るのも面倒である。何よりも、「買う」という時には、書店人といえども吟味する。言い換えれば、逡巡する。「気になった」からといって、それだけの理由で「買う」ことはできない。

そんな時、図書館はとても便利なのだ。少し読んで期待外れなら、それ以上読まずに返せばいい。参考になる部分があれば、それをメモしておいて返却する。部屋は狭くならないし、必要ならまた借りればよい。

そう、ぼくは「図書館を利用する書店人」なのだ。そして、図書館を利用する理由は、タダで借りることができるから、だけではない。買った本の置き場所に困ることがないからだ。

最新号の『本とコンピュータ』（二〇〇二年冬号）には、こう書いた。

検索に必要な書誌データは、書店に勤めているからほぼ完璧である。蔵書にない本をリクエストする時も、ＩＳＢＮ番号を含めてすべて記入できる。本の置き場に困っていたぼくとしては、巨大な書庫を手に入れたようなものだ。

書店に勤めながら、（一部そのことを利用して）図書館で本を借りる「けしからん書店人」であるぼくは、図書館を自分のための「巨大な書庫」にしたいと思っているのだ。それは、実は図書館の本を無料で利用したいと思うことと同値ではない。読みたくて自分で買った本を収納しておいてもらうという手もあるからだ。ついさっき言ったように、ぼくが図書館を利用する大きな理由のひとつは、「買った本の置き場所に困ることがないから」なのだ。

こうしたぼくの個人的な事情を共有する「図書館を利用する人」は、少なからずいるのではないだろうか。だとすれば、利用者が自分で買った本を、読後に図書館が引き取るという策は有効ではないだろうか。本の引き取りは有償であってもいい（もちろん定価である必要はない）し、何らかの特典を与える方法でもいい。不必要と思われるものは、図書館の方で拒否してもいい。

この一見突飛な策は、運用できれば、実は色々な立場の人に同時にメリットを与えることができる可能性を持っていると思うのだ。その可能性は、意外なところまで広がって行くかもしれない。この策は、いわば図書館に「ブックオフ」の役目を一部担ってもらうこと、とも言えるからである。

2 （2003.2）

「「ブックオフ」を否定するためには、本を棄てることができなくてはならない。」

「ブックオフ」についてコメントを求められた時に、ぼくがいつも言う台詞である。これは決して「ブックオフ」を擁護、応援するための台詞ではない。新刊本屋の書店人として、ぼくにはそうした動機はない。ただ、「ブックオフ」の存在と興隆に脅威を感じる新刊本屋や出版社の人たちのヒステリックな弾劾からは距離を措きたいと思う。みずからの既得権が犯されることを理由とした弾劾は、外部の共感を得ることが難しいからだ。考えるべきは、なぜ「ブックオフ」という業態が業績を伸ばしているのか、そのことの理由なのである。

「安く買えるから」、それが読者というわれわれの業界の顧客が、「ブックオフ」に流れる大きな理由であることは間違いないだろう。だが、それだけでは「ブックオフ」が業績を伸ばすことはできない。「新古書店」といわれるこの業態は、その名の通り古書店のニュータイプであり、そこに「売る読者」の存在がないと成立し得ないからである。「売る読者」は、「買った読者」であり、まさにわれわれの顧客でもあるのだ。彼らはなぜ「売る」のか？

「ブックオフ」の買い取り価格設定を見る限り、それが経済的な理由であるとは思いにくい。投機的な本の売り買いをする人ならば、従来の古書店に売るであろう。むしろ、「棄てられないから」売る人たちが多いのではないだろうか。買った本を家には置ききれない、だが棄てることもできない、そうした人は「売る」しかない。二束三文かもしれないが、「ブックオフ」は買ってくれる。大した額ではないが棄てるよりはまし、というより、棄てなくて済む、それが「ブックオフ」に本を売りに行く読者の動機なのではないだろうか。

実は、棄てたっていいのである。読み終わり満足を得た瞬間、本という商品の享受は終了している。何度も読み返したいと思うほど「溺愛」してしまった本、繰り返し参照すべき情報が載っている本は、そう多くない。それ以外の、限りある書棚を埋めて埃を積もらせていくだけの本は、棄ててしまっても何の損もないはずなのだ。それでも、なぜか本は棄てられないという人が多い。

「図書館に「ブックオフ」の役目を一部担ってもらうこと」という前回の締めの言葉は、こうした状況を背景にしている。別に何がなんでも「ブックオフ」を駆逐したい、いわばその補給路を断つための作戦、というわけではない。ただ、本を棄てられないという読者の気持ち、実はぼく自身も共有しているその思いを、例えば図書館に利用してもらう、あるいはそうした読者が図書館を利用する方途もまたあるのではないか、そしてそこには「ブックオフ」に売りにいくのとは違ったメリットが生じうるのではないか、と思うのである。

図書館のサイトで、読みたい本を検索してみる。人気の高い本だと、「貸出中」であり、かつ何人もの予約数があったりする（「東京都の図書館蔵書横断検索」のサイトで見ると、『半落ち』は二月二日現在、豊島区では八館で九冊の蔵書がすべて貸出中で、予約者が一四四名いる）。そうした時、どうしても読みたければ、書店で買う人もあろう。少なくともぼくはそうなる。そこで逡巡するとすればその理由は、経済的な問題というよりも、読んだあとのことである。そもそもぼくが図書館を頻繁に利用するようになったのは、読んだ本が手許に残らないからである。もしも、読んだあとで図書館に引き取ってもらえれば、その逡巡はなくなる。読み返したければ改めて借りればよい。それまでの間、無駄にわが家の狭い書棚を埋めることはなくなる。図書館を利用することによって「巨大な書庫を手に入れたようなものだ」と書いた所以である。

少なくともこうしたケースでは、利用者が自分で買った本を読後に図書館が引き取るという策は、図書館にとっても有意義であろう。現に何人もの予約者が待ち構えているのである。引き取った本は、すぐに貸し出しに回せる。いつ誰が借りるか判らない本を購入したり、寄付として受け取ったりすることと比べて、こんなに効率のいいことはない。いい悪いは別にして、貸出率が図書館の評価のひとつと指標となっているのである。待っている予約者にとっても、それだけ早く順番が回ってくるわけだから、ありがたい。

すぐに読めないがゆえに書店で本を購入する図書館利用者は、そもそも「読んだ本を手許に残さない」ことを第一義としているのだから、図書館に引き取ってもらうときに、さして高額の対価を要求することはない。有償が難しければ、後々使える「貸出優先権」でもよいかもしれない。それでも、図書館利用者には充分嬉しい。それで済めば、図書館側としては利用希望者が殺到している資料について、厳しさを増す予算を切り崩すことなく、手に入れることができる。さっき言ったように、他の予約者にとっても嬉しい話で、その提供者に「貸出優先権」を与えても、誰も文句は言うまい。

「三方一両得」ではないだろうか。

3（2003. 3）

村上春樹の『海辺のカフカ』（新潮社）の最大の功績は、「私立図書館」という存在をクローズアップしたことではないかと思う。

主人公田村カフカが物語の中盤で住みつき、さまざまな出来事に遭遇する高松市郊外の私立図書館（「甲村記念図書館」）は、かつて文人たちを援助した篤志家によって建設されたもので、多くの文人が訪れ、滞在したとされる。小説の重要な舞台のモデルとなった私立図書館がどこか、ということがファンの間で話題になっているとも聞くが、作者自身がモデルの実在を否定しているように、そんなことはどうでもよいことだ。重要なのは、私立図書館を建設するような篤志家が文人を遇し、そのことが文人たちの生を支え、保障したということなのである。いわばパトロニズムこそが文学の生産の場を支えてきたのである。

ことは文学の世界に留まらない。マキャベリもライプニッツもデカルトも、王族や貴族の庇護を受けながら、すなわちそれぞれの庇護者のパトロニズムのもとに著作を世に遺した。大学という存在を、相対的な経済的余裕を持つ人々によるその子弟を媒介としたパトロニズムの場と見れば、カントやヘーゲルもまた然りである。そしてそのことは、現在著者として本という商品の生産者の立場にいる多くの人々にも当てはまる。

書店人としてのぼくは、本を売るという行為が本をつくるという作業の一部をなすということ、あるいはその最終仕上げであるということを繰り返し主張してきた。売ることの重要性を掲げたその主張は今でも変わりはないが、一方そうした見方だけでは、本を販売したところで流れが途切れてしまうことにも気がついた。ある本を手にし読んだ読者が、その著者に新しい著書を所望することによって、流れは円環として閉じる。そして「拡大再生産」を可能にする。その段階で読者はすでにパトロンであると言えはしまいか。否、新しい著書を所望するに到らなかった場合、すなわち不幸にも買った本が面白くなかった場合でも、買った段階で、読者は不本意にもその著者のパトロンになってしまったと言えるのではないだろうか？　読者は購入した本を、いかなる仕方でも「消費」することはできないのだから。

だとすれば流通過程にいるぼくたち書店人も含めて、「本をつくる」ことを生業としているすべての人たちに必要なのは、読者というパトロンに対する、しかるべき姿勢・態度であるといえまいか。読者がパトロンたることに見合うと感じるだけの作品を読者に提供することが最重要には違いないが、時にはパトロンとまさに向かい合って頭を下げること、直接言葉を交わすことも必要だろう。先に挙げた著者たちも明らかにそうしてきたのである。書物の冒頭に措かれた「献辞」がまさにそれである。

今風の方法論としては、サイン会や講演、マスコミに露出することなど、読者の前に姿を曝すことである。著者みずからが自著を売るための努力をする、「そんな時代になったのだ…」という嘆息を聞くかもしれないが、決して「そんな時代になった」のではなく、そもそも本を書くということがそうした努力を要請しているのだ。本を書くという行為は、読まれることによってはじめて完結するからだ。そうした観点から見れば、飯島愛の本がベストセラーになったり、北野武や松本人志の本が軒並みよく売れるのは、当然なのである。彼らは、あらかじめ大衆にみずからの姿を曝しているからだ。著書を刊行したときには、すでに大衆のパトロニズムを獲得してしまっているのである。

パトロニズムの観点に立った時、文芸家協会VS図書館という図式で繰り広げられている「公共貸与権」についての議論にどうしても抱いてしまう違和感を、うまく説明できるようにも思われる。

作家は図書館がそもそもみずからの著書を図書館利用者に貸与することによって、みずからの著作権が侵害されているという。これは、平べったく言うと、借りることができなかった図書館利用者は本を購入したであろうから、その際に支払われた代金の一部を印税として手に入れる権利を侵害された、という主張である。それに対して、図書館側は、借りることができなかった利用者が本を購入するとは限らない、むしろ図書館利用者こそ本を購入する習慣も併せ持っていると主張する。

図書館利用者であるぼくから見れば、図書館側の主張に分がある。ただしそれはあくまで個人的な事情であるから、とりあえず措く。そもそも違和感は、こういった議論が起こってくることそのものにあるからだ。あえて単純化の謗《そし》りを恐れずにいえば、作家が自著を読まれることの第一義を、著作権の対価を得ることに置いていることに対する違和感なのだ。

何も清貧の作家が偉いと主張したいわけではない。印税で暮らすことを卑《いや》しむつもりもない。ベストセラー作家が優雅な生活を送っていたとしても、それを妬む気持ちはまったくない。著作権を尊重することにおいても、人後には落ちないつもりだ。ただ、自分が書いたものを誰かに読んでもらいたいという著者の気持ちは、印税を得たいという気持ちとは、（矛盾するわけではないにせよ）決して重ならないように思うのである。だからこそパトロニズムが成立するのではないか。著作権と生存権（具体的には印税収入）を直結し、それを死守しようとするような作家の発言は、煎じ詰めれば「読みたければ、買え」ということである。そうした態度は、パトロンに対するものとしては、決してふさわしくない。

すべての書物は、それが出来上がった後には、著者から離れた独立の運命をもって存在するに至る。著者は彼の書の享ける あらゆる運命を愛すべきである。私は私の書物が欲するままに読まれ、思うままに理解されることに満足しよう。

『パスカルに於ける人間の研究』の「序」で、三木清はこう言っている。この文章において三木は、「私の書物」が売れることによって印税が入ってくることとは別のことを、期待しているのだと思う。

4 (2003.4)

前回、著者と読者の関係はパトロニズムとして捉えるべきである、と書いた。そうした場合の「著者」とはいかなる存在であるか。小林よしのりとの共著である『知のハルマゲドン』(幻冬舎文庫)で、浅羽通明は次のように発言している。

モノを書くとか芸術に従事するのは、余裕を持っている人が旦那芸として遊びでやるか、専業でやる人はいわばたいこもちだった。ではなぜ昔は表現する人間が下だったかというと、これは私のこじつけですが、人を言葉によって日常的に傷つけることが許されていて、それを仕事にしている品性が卑しい人間だから賤民だったのではないかと思うわけです。

浅羽は、「モノを書くとか芸術に従事する」ことを軽視したり軽蔑したりしているわけでは、まったくない。「賤民」という言葉は、浅羽にとって両義性を持つ。同じ本の中で、浅羽は次のようにも言っている。

網野善彦氏や阿部謹也氏の著書の愛読者でしたから、中世の被差別民が蔑視されると同時に畏敬されていた両義的な存在であった史実を知っていた。だから「こわい」と同時に、中世の非農耕民の血をひく「凄い」「かっこいい」連中と言う憧れもあったのですね。

だとすれば、「モノを書く」という行為に携わる「著者」とは、あえてみずからを「賤民」と見なすことによって、「人を言葉によって日常的に傷つける」自由を得た「選民」たらしめた存在というべきではないだろうか。すなわち共同体の外に出ることによって、言い換えれば共同体内での生の保証と引き換えに、発言の自由を得た存在なのではないだろうか。

こうした見方は、「〈公共性〉の条件」で「公界」について語る大澤真幸の言説とも共振する。「公界」とは、「遊行民」＝「賤民」（＝「選民」?）の住む世界である。

公界についての事実がわれわれに教えているのは、次のことである。すなわち、社会的な関係の解除そのものが、人びとを結合する関係の様式になりうるということ。公界において人びとを結び付けているのは、何らかの積極的な要因――性質や利害や価値観等――の共有ではない。公界の中で人びとを結び付ける紐帯があるとすれば、それは、まさに、任意の共同体的な紐帯から排除されているということ、つまり紐帯自身を切断されているということ、それ以外にはありえない。(「〈公共性〉の条件(中)」、『思想』二〇〇二年一二月号)

「経済」とは「経世済民」の略語であるから、「任意の共同体的な紐帯から排除されている」ことを「経済共同体から排除されている」ことと解し、それはすなわち「共同体内での生の保証から除外されている」ことであるといっても間違いではあるまい。第一の生産者である著者がそうした状況にある以上、その生産物である書物もまた、「経済」的な原理から逸脱しても当然であろう。突飛なようだが、「再販制」の根拠は実はここにあるのかもしれない。「再販制」は他のあらゆる商品について経済合理性のもとでは否定された制度であり、著作物のみに許された特権なのである。そこで作動している原理は、経済合理性の「交換」の原理ではなく、「贈与」の原理なのかもしれない。

もちろん、その「贈与」は相互的なものであり、著者は読者に作品を通して喜びを、読者は著者に購入を通して(印税)収入を与える。ただし、それは(多くの場合その形をとるにせよ)ひとつの形式に過ぎず、そもそも「贈与」は、返礼の形式を決定して要求できるものではない。もちろん、「等価交換」を要求できるものではない（そうなると、そもそも「贈与」ではなくなってしまう）。

著者が、図書館で自著を借りて読んだ読者に対価未払いを訴える状況（図書館が本を無償で貸すことがみずからの生存権を危うくする、という主張は、つまるところ、論理的にはこのような状況であるといえる）に違和を感じるのは、そのためなのだ。それは、書物を媒介とする関係性において、「等価交換」を原則とする「経済合理性」を第一とすることへの違和感なのである。

「財を成す」ことこそ経済的行為の典型であろう。書籍に関して「財を成す」といえば、蔵書ということである。作家三田誠広は、次のように言う。

私の場合、自分が読んだ本は、一種のインデックスとして保存しておく。自分がこれまで読んだ本が、本棚に並んでいれば、それがわたしの生きていたことの軌跡であり、わたしというものの存在証明にもなるからだ。多くの読書好きの読者が、同じような気持ちで、自分の本棚を整備してきたのではないか思う。

しかしいまやそれは旧いタイプの読者というしかないだろう。現代の読者は、本を所有することにこだわらない。犯人がわかり、ゴシップを仕入れ、評判の本を自分なりに評価したあとは、ゴミとして捨てるか、ブックオフ等の古書店で売ってしまう。最初からブックオフで買って、汚さないように読んでまたブックオフに売るという読者も少なくないだろう。（『論座』二

〇〇二年一二月号、一九〇頁）

三田は、あきらかに書籍について「財を成すこと」、すなわち購入した書籍でみずからの本棚を築き上げることに、大いなる価値を置いている。「ゴミとして捨て」たり、「ブックオフ等の古書店で売ってしま」ったりする行為は、許されない。「自分がこれまで読んだ本が、本棚に並んでい」ることこそ、みずからの「生きていたことの軌跡」なのだから。

確かに『論座』の巻頭連載をはじめとして、著名人の「本棚」を披露することが、雑誌やムックの人気企画であることは否定しない。すなわち、読み手の側にそうした嗜好があることは、事実である。しかし、ふつうの人の家の本棚を見たいとは、多くの人は思わないだろう。「著者の本棚を見たい」と思うことが、すでにパトロニズムの世界に足を踏み入れているのである。

再び浅羽通明の次の言葉を切り返したい。「各自がこの十余年の間、再読三読したい本をリストアップしてみようではないか。」（『思想家志願』幻冬舎）

「各自がこの十余年の間、再読三読したい本」の並ぶ書棚こそ、「わたしの生きていたことの軌跡であり、わたしというものの存在証明」ではないだろうか。であれば、おそらく各自の書棚は、たいしたスペースを必要としない。

ただし、そうした書棚の成立のためにも、そこに収容されなかった本たちの行き場は必要である。そうした本たちの行き場として、図書館やインターネット空間がある、と考えてはどうだろうか。

5 (2003.8)

五月一二日、図書館情報誌『ず・ぼん』(ポット出版)の座談会に参加した。『ず・ぼん』は以前から気になっていた媒体であり、図書館について言及しはじめたのをきっかけに読みはじめていたから、座談会に呼んでもらったことは、大変光栄だった。

座談会の詳細については、秋口には出る予定の『ず・ぼん』第9号に譲るべきだろうが、座談会に臨んでの、ぼく自身のスタンスだけは述べておきたい。

テーマは図書館の「業務委託」であった。TRC(図書館流通センター)をはじめ、数社が参入して図書館の業務の一部の外注を請け負っている。東京都でも一部の区がカウンター業務などを外注しはじめているという。そのこと自体の是非と、外注によってもたらされる問題点が、議論の中心だった。

書店人としてというよりむしろ利用者としての、ぼくの意見は次のとおりだ。

まず、外注業者が派遣してくる労働者と「正規」職員との質の較差は、決してアプリオリなものではなく、個々の資質の差であると思う。ぼくの職場で新規採用やアルバイトの面接をしていても、司書の資格を持っていて、あるいは取りつつあって、本当は図書館で働きたいという情熱をもった若い人が多い。行政が司書職の正規採用をしていない現状にあっては、彼ら彼女らがみずからの情熱を傾ける場所を外注業者が提供できるのであれば、それはそれで意義のあることではないか。

また、図書館の側の人たちは、ひたすら「業務委託」によるサービスの低下を憂えるが、そもそも現時点でぼくが最も求めたいサービスは、開館時間を延長し、休館日を減らすことである。特にぼくらのような小売業の人間にとっては、休みは土日ではなく平日のことが多いし、月曜日であることも多いのだ。ただ、そのことによって職員の人たちにより過酷な労働条件を要求することはできない。だとしたら、その部分は「外注」してもらっても一向にかまわない。万が一、「本のことをよく知らない」人が窓口にいたって、ぼくらはそれほど困らない。少なくとも、休館日を減らしてもらえれば、メリットはデメリットを大きく上回る。

「業務委託」について、最も避けるべき発想は、例えばカウンター業務ならいいが書庫整理は駄目、選書は正規職員の領分という風に、業務を分割して考えることである。どの業務分野にも、マニュアル通りに作業できる部分と、高度な判断能力が問われる部分があるからだ。さまざまな業務それぞれに、みずからの判断に責任を取れる存在は必要なのだ。そうした責任者が存在してはじめて、「末端」は安心して業務に励める。責任の所在が曖昧な部署が存在していては、組織全体がおかしくなるのである。逆に、責任の所在さえはっきりしていれば、「業務委託」に際して予想されるほとんどの問題は解決できると思う。いいかえれば、館全体はもとより、どんな部署も決して「丸投げ」してはいけないのだ。

座談会からほどなく、五月一六日に、山中湖村立図書館「情報創造館」（当時建設中）館長の小林是綱氏がジュンク堂池袋本店を訪れてくださった。「住民の手でつくる図書館は、住民の目で選んだ本から」という発想で、交通や食費にかかる経費自己負担のツアーを組み、今回はわれわれの店と紀伊國屋書店新宿南店を訪問したということだった（『朝日新聞』五月一六日山梨版に報道）。その発想には大いに共感し、店を訪れていただいたことは、大変光栄に思う。三回前のこのコラムでぼくが提案した「利用者が自分で買った本を、読後に図書館が引き取るという策」も、何とか利用者の意向を図書館の蔵書に反映させたいという思いからだったからだ。「情報創造館」の発想は、そうしたぼくの隠微な策よりずっとスケールの大きなものである。図書館をめぐる多くの言説に欠けているとぼくが言った「利用者の視点」を、見事なまでにあからさまに前面に押し出す発想なのだ（「年中無休、二四時間貸し出し」の構想さえあるという）。

「情報創造館」の来年開館に向けた動きに注目し、何か役立つことがあれば是非協力したいと思っている。

6 （2003. 10）

先月九月は、特に図書館づいていた。「図書館の学校」、「郡山中央図書館」での講演のほか、『ず・ぼん』の編集委員との対談もあった。二〇日には菅谷明子氏の『未来をつくる図書館』（岩波新書）が出たので早速読んで書評を書いた。今年は既に「学校司書の会」で話したり、『ず・ぼん』の座談会に出てもいる。昨年末には国立国会図書館でも話をした。

こうして図書館の世界と繋がりができてきたのは、昨年上梓した『劇場としての書店』の「あとがき」部分で図書館について言及し、あるいはこのコラムで図書館について論じてきたからであろう。いわば、まずぼくから意図的に発信したわけで、図書館の側の人たちがそれに応答してくれたのである。発信した理由は、図書館ユーザーでもあるぼくが、多くの人に本を読んでもらうことを仕事として共有する書店と図書館が、もっともっと共闘して行く必要があると感じたからだ。

そして図書館についての書籍や論文を読み、シンポジウムに参加したりする中で、「公共貸与権」や「業務委託」など、今日の図書館がかかえる具体的な問題に出会った。このコラムでも取り上げ、論じてきたとおりである。それらは、「解」を求めるのが困難な連立方程式の様相を呈している。

『未来をつくる図書館』を読んで、その連立方程式を解くためのヒントを得ることができたような気がした。「解」を求めるために必要な発想の、あるいは考え方の枠組み（パラダイム）の転換を示されたといったほうがいいかもしれない。

『未来をつくる図書館』は、菅谷氏による、最新のニューヨーク公共図書館レポートである。ニューヨーク公共図書館は、専門テーマに特化した資料提供を行う四つの研究図書館と、地域密着サービスを行う八五の地域分館から成る。豊富な資料による世界中の研究者へのサービスと、ビジネス支援はもとより、アーティストたちの情報アクセスへの支援、医療情報や「9・11テロ」直後の情報提供など、地域住民への徹底したサービスの双方を実現している。

カーネギーをはじめ篤志家の寄付が支えてきたことも事実だ。だが、それ以上に、小口の寄付の獲得、イベントや講座の開催が、すなわち図書館職員による積極的な資金集めが、図書館の運営を支えているのだ。

「公共図書館」という名称そのものが、誤解を生じさせるかも知れない。「公共」という言葉の持つニュアンスが、日本とアメリカでは決定的に違っているからだ。日本で「公共」というと、「お役所の手によるもの」との印象が強い。アメリカでは公益を担うのは市民であるとの意識が強い。だからこそ、「地域でどんな情報が必要とされているかを最も熟知している立場にある」司書が活躍できるのだ。

ことこの点に限れば、日本はアメリカに大いに学ぶべきではないだろうか。そのことが、連立方程式を解くヒントとなるのではないかと思う。

例えば「業務委託」について言えば、つまりは行政がもはや図書館運営をやりきれないということであろう。ならば、それを逆手にとって、NPO法人をきちんとつくり、請け負うことで、図書館を「お役所」から「市民」に奪い返すチャンスだと思えばいいのだ。現在図書館で働いている人たちの身分保障の問題も、それぞれの技術と思い入れに応じて新しい組織に迎え入れる方策を考えれば済む、「技術的」な問題である。そのことで生じる手間暇は、図書館を「お役所」から「市民」に奪い返すことができたなら、すなわち真の「市民の図書館」を誕生させることができたならば、充分に見合うものであると言えるだろう。

この「解」は、連立するもう一方の方程式、「公共貸与権」の問題も満たすことができると思う。図書館を「お役所」の手から離せば、同時にさまざまな拘束から自由になると思うからだ。その時図書館は、地域住民と密接に結びつき、集客力の高い「小屋」として、多くの書き手の講演を企画し、パトロン獲得に手を貸せばよい。同時にそうした興業によって図書館自体も運営のための原資を獲ればよい。講演者の著書の販売など、私的な「小屋」では当たり前のことである。「役所」直営ゆえに拘束があったのだとしたら、「役所」が図書館を手放してくれることは、願ったり叶ったりなのである。

このような方向で図書館の未来を考えたほうが、逼迫《ひっぱく》する地方財政から予算をひねり出し、図書館と著作権者の間で分配をせめぎ合うという構図よりも、ずっと展望が開けてくると考えるが、如何？

ここまで腹が据われば、『未来をつくる図書館』で報告されるニューヨーク公共図書館の理念と実践を、多いに参考にすることができる。篤志家の多額な寄付金や、図書館の経済的な自立を保障する即効性のある企画を、即座に求めることは不可能かもしれない。しかし、「公共」＝「お役所の手によるもの」という図式が崩れ、公益を担うのは市民であるとの意識が芽生えた時、たとえばぼくがかつて本コラムで提唱した、「利用者が自分で買った本を、読後に図書館が引き取る」という提案が、ささやかながらも誰もが参画しやすい方策として、実効性と可能性を帯びてくるのではないだろうか。

「お上」が経済的にも人的にも図書館の直営に音を上げている今、ぼくらに求められているのは、図書館を真に「市民の図書館」としていくしたたかさなのである。図書館のピンチが叫ばれる今こそ、実は絶好のチャンスなのだ。

（2004.4）

7

去る二月二六日、大阪市立中央図書館において、大阪公共図書館協会主催の講演をさせていただいた。そのレジュメに、「私はなぜ図書館にコミットするのか?」という項目を入れた。

思えば『劇場としての書店』の「あとがき」にあたる部分で「図書館を利用する書店人」と

「カミングアウト」(?)してから、図書館の方々を対象とした講演は五度目になる。その間、このコラムで何度も図書館について取り上げたし、『ず・ぼん』の座談会に出席したりもした。書店人であって図書館人でも図書館研究者でもないぼくが、なぜこのように執拗に(?)図書館にコミットするのか、そのことについてひとこと言い添える必要を感じたからである。

第一には、図書館によりよい空間であって欲しいという、「図書館ユーザー」としての素朴な願いからであることは間違いない。それについての具体的な願望や提案は、このコラムでも書いてきた通りだ。

一方、では書店人としての立場とはまったく無関係なのかというと、そうではない。貸し出しと販売という形態の違いこそあれ、読者に書物を提供するという仕事を共有している図書館をめぐるさまざまな問題は、書店の持つさまざまな問題と重なる部分が多いからだ。書店現場と同質の問題を、図書館という別の現場の中で見ると、照射角度が少し変わるせいか、より立体的に、くっきりと見えてくる。第三者的に鳥瞰的な視線を投げかけることができることが、問題の本質をより鮮明に浮かび上がらせることにつながるとも感じる。

たとえば滋賀県愛知川町立図書館でユニークな図書館運営に当たる渡部幹雄氏の『図書館を遊ぶ』(新評論)を読むと、「それは書店においても同様」と思い当たる部分が多々あるのだ。

「それぞれの読者の現在の実力では読破できなくても、いつかはチャレンジしてみようという思いを抱かせるような配架も考えるべきであり、個人の興味の進度にあわせた段階的な資料の収集を心がけるべきである。」（二一頁）同じことは、書店での棚づくりにも言える。「注意事項などの張り紙が目に付きませんか？　大多数の善良な人には問題がないのに一部の不心得者のために張り紙を出さざるを得ないこともあるが、それも目立つようであれば善良な利用者に対して不快な思いをさせてしまうので、気を付けねばならない。図書館はホテルに似たところがあり、利用者には気持ちよく利用していただくことが第一である。問題があれば、直接問題を起こしている人に対して注意すべきである」（二五頁）のは、書店においてもまったく同様だ。「職員が「どうぞお入り下さい」と心から利用されることを喜びとして対応するのと、内心「仕事が増えるから、できればあまり多くの利用者に来てほしくない」と思うのでは、当然、利用率に明らかな差が出てくると思うがいかがだろうか」（五九頁）という問いかけは、「職員」を「書店員」に「利用者」を「お客様」に、「利用率」を「売り上げ」に変換すれば、まさに書店に対する問いかけとなる。

また、一見図書館固有の問題と思われるものでも、その本質が書店の抱える問題と通底する場合が多い。このコラムでも取り上げた業務委託の問題は、書店員のパート化の問題とパラレルである。

都立図書館の変節に端を発したデポジットライブラリー（共同保存図書館）の構想は、市町村立、区立図書館へのスムーズな資料提供を大きな目的のひとつとしている。いわば書物を必要としている人に速やかにそれを提供しようという構想といえるから、それはわが書店業界の客注問題と課題を共有している。こちらの側では、共同倉庫を建設するという須坂構想が破綻した今、出版倉庫流通協議会の共同ネットセンター構想が浮上している（デポジットライブラリーについては、ポット出版『東京にデポジットライブラリーを』を、共同ネットセンターについては、『新文化』二月五日号を是非お読みいただきたい）。

一方、図書館と書店では決定的に役割分担が違うことも、ぼくが図書館に興味を寄せる理由である。小尾俊人氏は「書店は摘みとった糧をひろく播き、古本屋と図書館は刈り入れて、整理し、保存する人」（『本は生まれる。そして、それから』幻戯書房）と言う。まさに然り。以前、『魂の労働』（渋谷望著、青土社）に触発されたぼくは、小さなフェアをやろうとしていくつかの本の在庫状況を調べた。その中で、東京創元社の『組織の中の人間　上・下』（W・H・ホワイト著）、『ホワイト・カラー』（C・ライト・ミルズ著）の二点は、既に絶版になっており、入手は不可、フェアに加えることはできなかった。大変残念な思いをしたのだが、埼玉県の図書館の蔵書検索システムで調べてみると、前者は朝霞市立図書館で、後者は県立浦和図書館で見つかったので、ほっとした。ぼく自身を含めて、興味を持った人があれば、図書館で借りて読むことができるからだ。

本を読者に提供するという共通の目的を持ちながら、存在理由には明確な差異がある書店と図書館が、共通点と差異をそれぞれ認識しながら、読者の期待に応えていくこと、あえて言えば読者をつくり、育てていくことが、双方にとって何よりも重要なことだとぼくは心底感じているのだが、いかがだろうか。

8 （2005. 11）

九月二二日、神戸大学附属図書館プレゼンテーションホールで開催された兵庫県大学図書館協議会研究会（テーマ「資料・情報を読者へ――書店から学ぶこと」）に、発表者の一人として参加した。「共演者」は、旭屋書店の湯浅俊彦氏と、紀伊國屋書店の小澤利彦氏。そもそもこの会にぼくを紹介してくれた湯浅氏との久々の「コラボレーション」が楽しかった。湯浅氏は一九九一年に刊行されたぼくの最初の著書『書店人のしごと』に、最も早く応答、批判してくれた人である。そして、後にぼくが京都から仙台に移るまで、大阪で「書店トーク会」という勉強会を二人で主宰した仲でもあった。

『書店人のしごと』は、当時まさに「萌芽」の状況にあった「書店SA化」、すなわち書店業務へのコンピュータ導入について、その可能性を「手探り」する本であった。いまだPOSレジも導入されていない当時としては文字通り「机上の空論」であったが、湯浅氏はすぐさまぼくの「楽観性」を突いてきたのであった。「機械化は、決して書店の窮状を救わない」と。

それに対しぼくは、自分は決して機械化万能論者でない、しかし機械にできることは機械に任せた方が書店人によりクリエイティヴな「しごと」の可能性を広げるはずだ、と反論した。手紙のやりとりや面と向かっての湯浅氏との議論は、九七年刊行の『書店人のこころ』として結実する。そこでのぼくは、「SA化」の掛け声で安易にやってはいけないことを、むしろ強調していた。

振り返れば、時代の変化の速度は予想を大きく上回っていた。POSレジやシステムの進化は、まるで大津波のように、二人の「原理論」を呑みこんでいった。今や書店のPOSレジは当たり前であり、インターネットを介してさまざまな情報に瞬時に接することもできる。一五年前には想像もできなかった状況に、書店は今ある。

コンピュータの書店現場への導入は不可避な選択だというぼくの予想は、確かに現実化している。その意味で、ぼくの予言は当たったと言える。一方湯浅氏は、一五年前に日書連（日本書店商業組合連合会）が標榜していた「バードネット」というシステム構想について、そのようなものでは中小書店が生き残っていく武器にはならない、と警鐘を鳴らしたのだという。実際、その後日書連の中核をなす中小書店の多くが転廃業を余儀なくされる状況に陥った。湯浅氏の予言もまた、当たったのである。

思えばオンラインシステム「バードネット」については、ぼくも『書店人のしごと』の中でかなり批判的に検証している。ぼくと湯浅氏は、当初から同じ峠に立ちながら、正反対の方向を見ていただけかもしれない。いや、同じく上り下りの激しい前方の山道を眺めやりながら、ぼくは稜線を、湯浅氏は谷の部分を、より注視していたというべきかも知れない。

研究会当日、オーディエンスとして参加されていた同志社大学図書館の井上真琴氏を、湯浅氏に紹介された。井上氏は、携えていたみずからの著書『図書館に訊け！』（ちくま新書）を下さった。氏の仕事柄、『図書館に訊け！』と提案（命令？）する対象は大学生たちであり、研究生活の中で図書館を有効利用することがいかに重要かということが、資料検索の具体的な事例を紹介しながら、説得的に書かれている。

テーマとなっている図書館員の「レファレンスワーク」と、われわれ書店人の「本を売る」という仕事は、確かに違う。しかしどちらも読者と本を出会わせるという点では共通している。書店人の接客術におけるスキルアップのために、図書館員の「レファレンスワーク」に学べる部分はおおいにあると思う。

実際、店頭で「レファレンスワーク」に近いことを要求されることはあるのである。「〜について知りたいのですが、何かよい本はありませんか？」そうしたお客様のご要望に対し、「われわれ書店員は、商品名を特定していただかないと、探せません」と答えるしかないとすれば、ぼくたちの仕事はいかにつまらないものか。図書館員が駆使するという「レファレンス・ブック」、それが商品として店頭に並んでいる場合もあるだろう。使わない手はない。インターネットの検索エンジンも、今や力強い味方となる。

個々のスキルアップは読者だけのものではない。図書館員にとってもそうであるように、書店人にとってもそうなのだ。必死で調べることによって、商品に対する感性は必ず増す。

プロセスでの実践と苦労は、単なる探索技術向上にとどまらず、あなたの勘や感性を育てる。耳を澄ませば、資料や情報が醸し出す「ざわめき」が聞き取れるようになり、目を凝らせば、的確な資料が視界に飛びこんでくるようになる。(『図書館に訊け!』一七〇頁)

「あなた」は、さしあたり大学生や研究者をはじめとする図書館利用者あるいは図書館員であろうが、「資料」や「情報」を「商品」と読み換えれば、書店人にも大いに当てはまる。

井上氏は一方、「(本の)並べ方一つで、次の世界へと人を導いていく仕掛けを提供することが可能なのだ。並べられた本同士が共鳴しあうわけである」(一一六頁)、「よい古書店では、棚を眺めているだけで発見がある。棚にさしてある本自身が、新しい世界への扉をひらく一種の「索引」に見えてしようがないのは、私ひとりではあるまい」(三一頁)と言い、エルンスト・カッシーラーがヴァールブルクの書庫を訪れた時、「カッシーラーは、自分が研究する象徴・シンボルの領域を、未知の人物ヴァールブルクが「著作によってではなく複雑な図書体系で網羅している」目のあたりにし、衝撃を受けた」エピソードを紹介する(一一七頁)。また、齋藤孝氏の「図書館には実に様々な本がある。しかし、上手に分類されている。型どおりの分類かもしれないが、読者の初心者には、本の世界がどのような広がりをもっておるのかを把握するには効率がいい」(『読書力』岩波新書、一一八頁)という文章を引く。

ぼくには、それらがそのまま、書店へのエールであり、叱咤激励と読める。

9

「魅力ある書店の棚づくり」というテーマは、両義的である。「魅力ある」が「書店」もしくは「書店の棚」にかかるのか、「棚づくり」にかかるのかによって、意味が随分変わってくるからだ。これは単なる言葉遊びではない。前者ならば、「魅力」は来店客が感じるものだ。後者ならば、それは書店員にとってのものとなる。双方ともに書店にとって必要な「魅力」なのだが、後者にはひとつの「罠」がある。書店員にとって「棚づくり」が魅力的に映りすぎると、それが自己目的化してしまうという「罠」である。書店員の仕事の目的は、本を売ることであり、「魅力ある棚」をつくるのは、そのための手段である。その手段が、自己目的化してしまうと、客が棚から本を抜いて買っていくことを、「作品」への攻撃と見る心性さえ生まれてしまう。笑えない冗談である。

そうした「罠」は、前者、「魅力的な書店の棚」にも伝染する。読者は読者で、「究極の棚」を求め始める。書店員は書店員で「究極の棚」を目指そうとする。双方の思いは、必ず挫折する。「究極の棚」など、ありえないからである。

「棚」のグレードは、読者との関係の中にしかない。読者の読者としてのグレードを抜きにして、書店の「棚」は語れない。一人ひとりの読者が、「この書店の棚はいい」と感じてくださることがぼくらの「棚づくり」の目標だが、そのためには、むしろまず読者自身の知識と意欲が必要とされる。どのようなグレードの読者に来て欲しいか、書店員は、知らず知らずのうちに、「棚づくり」という作業を通じて、表現してしまっているのである。そのことをはっきりと「自覚」すること、それこそ書店員にとって最も重要なことだと思う。

読者一人ひとりの知識と意欲が多様な分だけ、多様な書店の存在理由がある。お使い帰りに立ち寄る子供と、研究者や専門家とでは、要求される「棚」のありようが同じであるはずがない。街角の書店から超大型書店まで、多様な書店がさまざまなグラデーションを奏でながら、それぞれに存在理由を持つ所以である。一人の読者を考えても、まさに読書によって「進化」していくわけだから、その段階段階で訪れるべき書店も違ってくるだろう。「本の街」神田神保町が今も変わらず多くの読者の支持を得、ターミナル駅周辺に数多くの書店が共存し、そのことが読者に喜ばれているのも、そのためである。

確かに近年、書店は驚くほど巨大化した。中小書店の廃業が相次ぎ、CVS(コンビニエンス・ストア)の伸張、インターネット書店の台頭など、本を買う場所、本の買い方についても、ドラスティックな変化が見られる。

しかし一方で、意識ある書店員たちは、多様性にこそ書店の存在理由があることを自覚し、みずからの店の個性を育み、アピールしていくべく努力を続けてきた。多様性はもちろん量的なものだけではなく質的なものでもあるから、そうした努力の重要性は書店の大小に関わらない。

八〇年代後半、特に人文書の展示・販売方法で注目を集めた池袋リブロの「今泉棚」は、店長の今泉正光氏が、みずから足繁く大学の教官室のドアを叩いて教えを乞い、隆盛を極め始めたポスト・モダンを中心とした現代思想の潮流に鋭敏なアンテナを張って、提案型の書棚をつくり上げたものだった。当時リブロの社長であった故小川道明氏は、著書の中で「図書館型というのは定型的な分類にもとづいた棚の構成であり、書斎型というのは、読みたい本、必要な本がジャンルを越えて問題意識系列で揃えられている棚づくり」（『棚の思想』影書房、一九九四年）と、「書斎型」書店としての池袋リブロの特長を、自信を持って述べている。

九〇年代後半、「街の書店」の復権を目指して東京・千駄木に二〇坪の「往来堂書店」を立ち上げた安藤哲也氏は、雑誌を店の入口に配置する中小書店の「常識」を打ち破り、みずからの目で選び仕入れてきた書籍を、みずから「文脈棚」と名付けた書棚に配置していった。「本は、一冊一冊が完全に独立した作品であり、商品だ。でも、棚の中にそれらが並んで集合体となったとき、隣りあった本と本は、けっして無関係ではない」（『本屋はサイコー！』新潮ＯＨ！文庫、二〇〇一年）と、「棚の編集」の重要性を強調する安藤氏の棚づくりは、往来堂書店の予想を遥かに超えた売上実績もあって、全国的に注目されるようになっていった。私は、実際に地方の書店主が往来堂書店を訪れ、いきなり安藤氏にそのノウハウの伝授を求める場面に、立ち会ったことがある。余りの反響に少しばかり戸惑いながらも、安藤氏は「安藤の真似をするのではなく、みなさん一人ひとりがみずからの個性を発揮する書店づくりを目指すべきなんです」と、丁寧に応えていた。

私は、安藤氏がみずからを「アマノジャク」と呼ぶに負けないくらいに「アマノジャク」であるので、それぞれの信念や努力に心からの敬意を表しながら、安藤氏の「文脈棚」に対しては、「編集」には雑誌の「編集」もあれば、百科事典の「編集」もあり、おのずと方法論は違ってくる、とみずからが勤める超大型店の存在意義も主張し、「図書館型」には「図書館型」の工夫も長所もある、と「書斎型」に対抗した。

そもそも読書とは、さまざまなメディアの享受の中でも、極めて能動的な行為である。書店へ出向くのは、確かに流行や提案を受容する場合もあるが、一方で独自の問題意識を携えてその答を探す場合、さらにはみずからの問題意識そのものを発見しようとする場合もある。

むしろ「書斎型」より「図書館型」の方が、読者の側の能動性を必要とする分、おのずからそれを引き出しやすいと言えるかも知れない。例えば、「図書館型」のジュンク堂は、新聞記者をはじめとするジャーナリストが重宝がってくれる。彼らは、予期せぬ出来事に、常に素早く対応しなければならない。だから、流行や提案よりも、あらゆる事態に即応する書籍群の充実そのものを望む。

もちろん、私は「今泉棚」や「文脈棚」の意義を否定したいわけではまったくない。多様性こそ書店という業態の生命線だと信じる私は、さまざまなあり様が共存する意義をこそ、訴えたいのだ。

そんな中で、「魅力ある書店の棚づくり」に共通しているのは、常に客を意識し観察していることだ。リブロの今泉氏の研鑽とその棚での表現は、現代思想に関心を持つ読者を常に頭に入れたものだったし、往来堂書店のブックフェアは、安藤氏の志向というより、来店客の様子を注意深く観察した結果であることが、『本屋はサイコー！』を読むとよく分かる。私自身、レジカウンターに立つ時、あるいは店内を巡回しながら、お客様の素振り、表情をできる限りよく見るようにしている。店員の応接や書籍の配置の適不適を何よりも的確に判断できるのは、お客様の反応だからだ。

さて、多様な書店のグラデーションをさらに拡げれば、そこに古書店があり、図書館がある。読者と本の出会いの場であることは、それらの業態に共通している。はじめの方で、「読者一人ひとりの知識と意欲が多様な分だけ、多様な書店の存在理由がある」と書いたが、同じ一人の読者が、場合によって書店を使い分けているかもしれない（書店員である私も、本を必ず自店で買うとは限らない）。同じように、一人の読者が、書店、古書店、図書館を併用している可能性も高いと思う。「図書館の利用者は、書店で本を買う人でもある」という浦安図書館の常世田《とこよだ》良氏の主張には、私自身その一人だから同意できる。

図書館を利用し、開架の書棚を見ながら、図書館の棚はやはり古い（※）、とつくづく思ったことがある。既に名の通った大家の本は集められて並んでいるが、書店店頭ではそこそこ売れている新進の著者のものが、なかなか並んでいないのだ。かつて関西にいた頃、新しくきれいで、蔵書もまずまず揃っていて、新着図書も多いのでよく利用していた図書館で、竹田青嗣、小浜逸郎、山本哲士といった、当時書店店頭ではよく売れ始めていた著者たちの本が一冊もないことに、愕然としたことがあった。書店の感度と図書館の感度には少なからぬ時差があると、強く感じた。

確かに書店と図書館では、そもそも新刊書の到着に時差がある。しかし「少なからぬ時差」は、それでは説明しきれないものだった。最近思い至ったのは、書店の仕入れと図書館の選書という一見似た作業が、実は大きく性格を異にするということである。

図書館のスタッフによる資料の選書という作業は、書店で言えば「完全買い切り」商品の仕入れに近いと言える。図書館は、買った「資料」をずっと書棚で保持しなければならず、委託制の下にある書店が、売れない商品は返品するように、貸し出し数の少ない「資料」は返品すると言うわけにはいかないからだ。勢い、図書館の選書では、評価の定まった著者のものが優先されることになるのだろう。

私たち書店員も、「完全買い切り」商品については、思い切った仕入れはできない。よほど自信がなければ、一冊二冊が関の山、仕入れを見送る場合も多くなる。

書籍が委託商品である大きな理由は、それが書店店頭で読者の目に触れ、読者の手に取られて初めて評価が下される、言い換えれば需要が発生する商品だからだ。書店員たちは、それぞれの感性で商品を仕入れ、平積みし、売れ行きを見つめながら、追加発注したり返品したりする。その時否が応でもみずからの仕入れの成否が明らかになり、商品の力とみずからの感度が同時に明らかになる。いわば全国の書店店頭は、巨大な実験場なのである。

考えてみれば、図書館に「平積み」はない。昨今批判にさらされがちな「複本」も、予約者が殺到している場合、貸し出し希望者が明らかに多数見込まれる場合に限られ、書店におけるような実験的な意味合いはない。

だから、図書館員のみなさんには、是非積極的に書店に足を運んでいただきたい。それは、「魅力ある書店の棚づくり」を模倣して図書館の資料の配架に役立てるためというよりも、「商品」を扱う書店ならばこそ行える「実験」とその成果を見知って、読者の最新の動向、志向を把握し、まず選書に反映させるために、である。そしてそれをより有効なものとするために、遠慮なく書店員に話しかけ、質問してほしい。読者と本の出会いの場としては共通しながら、いろいろな意味で違いもある図書館の人たちとの対話は、書店員にとっても大いに刺激され、参考になることが多いはずであり、私たちとしても大歓迎なのだ。

（※）図書館の棚の「古さ」は、一方で図書館の強みでもある。まず何よりも、書店では、絶版本の提供は困難である。非売品の扱いも難しい。事実私は、非売品である『丸善外史』を図書館で借りてようやく読めた。書店で提供困難な書籍を、古書店や図書館を通じて読者に結びつけることまで書店の仕事にしていきたい、それは本を求めて書店にやって来る読者と接すれば接するほどつのる思いでもある。インターネットが発達した今日なら、それほどの労力もなくできる仕事である。
二十数年書店員をしていると、図書館の書棚を見ていて、「懐かしいなあ！」と思う瞬間がある。かつての大ベストセラーで、今は文庫になったり、品切れになった本が並んでいるのを発見したときだ。そんな時、書店と図書館との間の宿命的な「時差」は、書物にとって実はとても大切なものなのかもしれない、と思ったりもする。

（初出、『図書館雑誌』日本図書館協会、二〇〇五年三月）

III　ジュンク堂池袋本店

1 (2001. 1)

「二一世紀」になった。

二〇〇〇年一二月三一日から二〇〇一年一月一日にかけて、いつも通りの遅い夕食をとっていたぼくは、何の感慨もなく、ただ箸を動かすのに忙しく、その時を迎えた。

一二月二八日から三日間の徹夜を経て一二月三一日の深夜まで続いたジュンク堂池袋本店の増床作業の前半戦（一階〜四階）が一段落し、一二月二九日に始まった「一階集中レジ」体制を何とか離陸させて三日目としては、定休日である元旦にやっと少し身体を休めることができる、という以上の思いを持たなかったのは、当然だったろうと思う。

一〇フロアの超巨大書店（三月グランド・オープン時には二〇〇〇坪）の一ヵ所集中レジ、これこそ二一世紀型書店だ、と肩肘張って主張するつもりはない。内外からのさまざまな懸念はすべて妥当、有意なものであり、戦略として大いにリスクのあることに、間違いはないからである。ただ、日本全体が二〇世紀末からの不安を引きずる今、出版・書店業界にもまた、ある種の閉塞感が漂っている。こんな時には、原点に戻るしかない。客が自由に商品をピッキングし、レジカウンターに持ってくるスーパーマーケット方式、その草分けが書店だったという原点に。その原点は、「薄利多売」という正味体系、取引条件以前に、書籍の販売という業態が、プロである書き手と読者を素人が結ぶ作業であるという、我々の仕事の本質にも、大いに由来しているからだ。

森喜朗首相みずからが（ひょっとしたら意味も分からず）「ＩＴ革命」とやらを標榜し、ネットビジネスがあらゆるマスメディアで喧伝される今、店舗を拡大し、在庫を増やし、といった戦略は、一見時代に逆行しているかに見える。（あくまで、理念的には）書誌データだけを武器に商売しようとするインターネット書店が、大いに話題になる昨今である。

結論的に言うと、（理念に限りなく近づいた）インターネット書店と、一ヵ所集中レジの多層階超巨大書店は、見事な対偶関係にあると思う。片や、インターネット書店は、在庫負担と家賃をギリギリまで切りつめるが、客との応対は（コンピュータを介して省力化されようが、とにかく）常に一対一であり、商品のピッキング、そして発送はすべて店側の仕事になる。片や、一ヵ所集中レジの多層階超巨大書店は、在庫負担と家賃は膨大だが、客がレジまで運んでくれ、そして家まで持って帰ってもらえる場合が多いことを考えれば、販売行為の部分では最高に効率的と言える。

いずれの側も、みずからの長所と弱点を充分自覚すること、それが兵法の基本であろう。そうしてサービスの度の高さを競っていくことが、出版・書店業界の閉塞状況を乗り越える道であると思う。そして、そうであって欲しい。本という商品は、売り手の立ち場に立っても、買い手＝読み手の立場に立っても、実に魅力的な商品だからである。

2（2001. 2）

「一階集中レジカウンター」方式にして、最も質問されること、最も懸念されることは、「万引きは大丈夫か？」ということである。「万引きはどのくらい増えましたか？」という質問に対しては、「棚卸しをするまで分からない」と正直に答える他はなく、同じ質問が度重なると、「じゃあ、各階にレジがあれば、万引きはより少なくて済むという保証があるのですか？」と、少しばかり毒づき気味に反問してしまう。

万引きが書店の大敵であることは、いまさら指摘されるまでもない。いたずらに犯罪行為を助長するのも慎むべきであろう。しかしながら、万引きの危険ばかり騒ぎ立てるのは、大きく二つの方面に陥穽を持つ。

一方では、万引きの防止の為に万引きによるロス以上の経費、エネルギーをかけてしまったり、そのことによって店の空気を擾乱《じょうらん》してしまうこと。販売力のある書店現場を創造するためには、「万引きしにくい空間づくり」よりも「ゆっくり探せる、買いやすい空間づくり」が優位に来るべきだと思う。もちろん前者を無視してもいいと言っているのではなく、求めたいのは本来の優先順位を念頭においたバランス感覚である。

他方、良識ある読者よりも、心ない万引き犯の方に意識の比重がいってしまうこと。そうなると、来店してくださったお客様への目線が、感謝よりも猜疑《さいぎ》の色合いの濃いものとなってしまう。そうした目線の集中が、来店客のほとんどを占める常識を持った（万引きが犯罪であり、悪であると知っている、或いは失敗した時の不利益を考えれば途方もなく割の合わない行為だと理解している）読者にとって、心地よいものであるはずはない。心地よくない場所から、自然と読者の足は遠のく。そうしたすぐには目に見えないロスの蓄積と、万引きによるロスと、どちらが大きいか。冷静に考えてみるべき問題だ。

その時に、書店という商売、否もっと話を大きくして出版―書店業界そのものが、実は読者の良識に依存して成立しているという事実を、繰り返し反芻すべきだと思う。「万引きは大丈夫か？」という、最近業界人から受ける質問が積み重なる毎に、そうした事実（＝読者の良識に依存してこそ我らが出版―書店業界は成り立っていること）が正しく前提されているのか、疑問に思うからである。

「一階集中レジ方式」についての『新文化』の取材（二月八日付に掲載）でやはり「万引き問題」に触れられた時、「日常的に読者に声をかけていく」姿勢を答えたが、読者に声をかけていくというのは、決して「あなた、万引きする気じゃないでしょうね？　こっちも見ていますよ」というニュアンスを含ませたものではない。大多数である良識ある読者に対して、充分なサービスを提供しよう、という姿勢を言いたかったのだ。欲しい本を探しているお客様に「何か、お探しですか？」と声をかける、（他の業界では常識ともいえる）「サービス＝奉仕（精神）」から始めよう。良識あるお客様と我々書店員の間に連帯が生じていること、書店という場に邪《よこしま》な動機で入ってきた人達をおのずから排除する空気（＝書店員と読者との連帯）が満ちていること、そのことこそが、最良の「万引き対策」であると思うのだ。

3　（2001.3）

三月一日、池袋店がついに増床グランドオープンし、「二〇〇一坪」の、世界最大級、少なくとも現段階では日本最大の書店として生まれ変わった。ありていに言えば、昨年末から棚や本の移動・拡張は断続的に行われており、二月二二日にはその工程がほぼ終了していた。その後は商品やサインの微調整、店全体の試運転（プロ野球のオープン戦のようなものか）だったし、ジュンク堂としては「当然」のことながら、増床作業のために店を閉める日など一日もなかったから、店の有様が、三月一日を境にドラスティックに変わったわけではない。三月一日を「グランドオープン日」と呼ばせるのは、告知、情宣、そして我々の心持ちなのである。

とはいえ、告知や情宣の効果、そして心持ちだけでも、ぼくたちをして、「池袋店グランドオープン」を芝居の初日のように迎えしめたことは確かである。三月一日は一日中降った雨に、文字どおり水を差された感はあったが、それでもお客様の数は多く、二日目、三日目と、口を追うにつれ、売り上げも二次曲線並みの上昇カーヴを描いた。

日本一の売場面積とともに（というよりそれ以上に）業界の衆目を集めている「一階集中レジカウンター」の一日の流れは、武田信玄の「風林火山」を思い起こさせる。

「疾《はや》きこと風の如し、徐《しず》かなること林の如し、掠《かす》めること火の如し、動かざること山の如し。」

朝一〇時のオープンと同時に入館され、必要な商品を急いで買って帰られる方をはじめ、午前中のお客様は、おおむね「疾きこと風の如し」である。昼下がりから、長いレジカウンターを被膜のように包む、途切れることのないお客様の流れは、「徐かなること林の如し」、閉店五分前の放送を「突撃ラッパ」よろしく一気にレジカウンターに押し寄せるお客様の一群は、まさに「掠めること火の如し」の様相である。願わくは、そうした「攻撃」を受けても、巨大な売場と豊富な在庫を誇るわれらが「城塞」が、スタッフの機敏な対応によって「動かざること山の如し」であらんことを。

「武田騎馬軍団」の執拗な攻撃に対しては、もちろん、織田信長が武田勝頼軍を破った時に用いた戦法（馬防柵に縦列をなした鉄砲隊が、途切れることなく発砲する）にあやかった「長篠打ち」（一台の子機を複数の応対者が使う、すなわち一人が預かり金額を打ち込んで親機から釣り銭をもらっている間に他の一人が次のお客様のお買い上げ商品を読み取らせる）が有効なのだが、これは今のところ、かなり年季をつんだスタッフにしかできない技である。

4 (2001.6)

仙台から東京にやって来て最初に感じたのが、出版社名宛の領収証を切ることが何とも多いことである。「同業相食む」ではないが、当初はどうにもみずからの尾を食うウロボロスを連想し、いい気持ちがしなかった。

かつて、神戸で演劇活動をしていた時、やはり観客の多くが「同業者」(=劇団OB、他の劇団の人々、出演者の家族縁者もその範疇に入るか)だった。その様相とパラレルなのが気持ち悪いのは、そうした状況では、ぼくたちは、「食べる」ことができなかったからである。ただでさえ金のかかる演劇という活動で、仲間内で客になりあっている状況は、ジリ貧でしかない。「河原乞食」も辞せずとしていたぼくが、ジュンク堂に入社して入場券の販路を求めたのは、そのためでもある。結局、当時自分で最も似合わないと思っていた「会社員」を足掛け二〇年勤めることになった。もちろん、芝居をやっていた期間を、優にこえてしまった。

だが、これは、「東京という地方」の特色だ、と思って、少し気を取り直すことができた。出版とは、畢竟《ひっきょう》、思想や学術研究、文学的創作の結晶としてのエクリチュールである。エクリチュールは、大抵の場合、他のエクリチュールからの刺激を受けて発生し、また、新たなエクリチュールを発生させる。道程が予測不可能でありながら、連続的作動がどこか約束されていること、あるいは連続的作動なしには存続しえないこと、これは「オートポイエーシス」である。

流通している本を、「できるだけすべて」棚にならべること、ジュンク堂のこの理念が、特にマスコミ関係の人に重宝がられていることは、仙台でも経験済みだ。ベストセラーを取り込んで販売し、そのことで利を得ることを潔しとしない、「ジュンク堂魂」とでも言ってしまおうか、その行き方は、例えば、新聞記者の人たちに重宝がられた。彼らは、突発的に起こるさまざまな事件に接して記事を書くべく、参照できるエクリチュールを必要としている。それは「突発的」であるがゆえに、「はやりもの」ではありえない。大袈裟に言えば、「可能態」を「現実態」にしておくこと、それも「必要に応じて」ではなく、「必要に先立って」、だから二〇〇〇坪が必要だった。

エクリチュールを販売する場であるだけでなく、エクリチュールを産み出す場でもありたい。書き手が、作り手が、読み手が、自由に集い、語らう場でありたい。並んだ本を巡って、読み手たちがおりなす語らいもまた、エクリチュールの萌芽であるだろう。書き手が読み手であり、読み手が書き手である状況は、別にインターネット空間を俟《ま》って初めて成立したわけではない。

「工房としての書店」は、決して戯れ言ではない。

雀の涙ほどのギャランティで書き手の方々が引き受けて下さって成立しているジュンク堂池袋本店の「トークセッション」も、もちろん、そのイデーのもとにある。書き手と読み手の交わり、それは「固定票」の地固めでもあり、新しい読み手を産み出す作業でもある。「実存が本質に先立つ」本という商品の需要を産み出す場としての書店の、最も積極的かつ本質的な活動と自負する。これも、多くの書き手と読み手が存在する東京ならではの活動である。

「出版は、東京という地方の代表的な地場産業」、近頃気に入って用いるこのフレーズは、出版不況が取り沙汰される今、二〇〇〇坪への増床を果たしたぼくらの自己弁護ではなくレゾンデートルなのだ。先ごろ行った書協の「新入社員研修会」での講演を「工房としての書店を目指して」と題したのは、ぼくが旧来主張している、販売こそ制作の最終段階、つまり本を売る事は本をつくることの完成だという視座を共有してもらうことが、何より肝要と思ったからである。それは、劇団時代の「観客に見てもらってこその芝居」という思いと、まったくパラレルなのである。

5　(2001. 12)

今年の夏も終わりにさしかかろうという頃だった。

ジュンク堂池袋本店の、話題の一階集中カウンターのなかで、アルバイトの女の子が、途方にくれている。手には一階エレベータ前にあるお客様用の検索機がプリントアウトした書誌データの紙片を、大量に持っている。見れば、そのほとんどに「係員にお問い合わせ下さい」の文字がある。これは、「現在当店には在庫がございません」というのと同義で、在庫がある場合は、その箇所には、該当する書棚が表示してあるのだ。

印字された書名を見ていくと、それも当然であった。そのほとんどが、性風俗のルポや官能小説であったからだ（さらに詳しく言うと、「ホスト」についての本も目立った）。上品ぶっているわけではないが、従来ジュンク堂には、その類の商品はほとんど置いていない。プリントアウトされたデータの数の多さも相俟って、「これは、一種の嫌がらせか？」という疑念が走った。「新手のストーカー行為か？」とさえ思った。途方に暮れていたアルバイトが、若い女子大生だったからである。

「どちらのお客様？」と平静を装ってぼくは訊いた。

「あちらの方です」と指し示された方向を見ると、そのお客様は、さらに検索機に向い、書誌データを探っている。かなりラフなスタイルで、体格はよく、頭髪は黄色く染められていた。

「やはり、「ヤバイ」客かもしれない」とぼくは思ってしまった。人をみかけで判断してはいけない、と常日頃自他に言い聞かせ、その教訓の正しさの事例を、長い書店人生活で数多く蓄積してきたにもかかわらず、である。言い訳がましいが、検索されているデータの書名が、「ドギツ」過ぎたのだ。

「お客様。」

ここは自分が立ち向かわねばなるまい、女子大生のアルバイトに対処させるべき状況ではないし、まず彼女に対処できる相手ではないと意を決し、だからといって居丈高になったり、迷惑そうな表情や声色になることのないよう注意して、すなわち努めて平静に声をかけた。

「こちらの商品は、ほとんどが現在当店にございません。それに古い商品も多いので、ご注文を承るにしても、来週早々、出版社に在庫を確認してから、としたいのですが。品切れ、絶版等で入手できない商品については、その時にご報告します。」実際その通りだったのだ。検索機の書誌データは、品切れ情報とリンクしていないため、「係員にお問い合わせ」いただいても、入手できないものも多い。そしてその日は、土曜日であった。

「じゃ、そうして下さい。」

お客様の返答は、密かに身構えていたこちらが拍子抜けするほど、穏やかであった。

数多くの紙片の中には、当店に在庫があるものも幾らかあったので、それらを集めている間に、お客様も広い店内を巡って、カゴにいっぱい商品を選んで来られた。多くは、ぼくを身構えさせた「ドギツ」い書名群と範疇を同じうした商品だったが、「脳」に関する本など、まったくそれとは無関係な本もあった。ぼくが集めてきた本と合わせて、「じゃ、これだけ下さい」とおっしゃった。

しめて数万円になった。キャッシュでお支払い下さった。決して、「一種の嫌がらせ」ではなかった。ぼくがお相手して気分を害されたようでもなかったので、「新手のストーカー」でもない。話をしていても、実に穏やかで、「ヤバイ」客では決してない。「これは、一体…？」と思っていた時、「領収書を下さい」とおっしゃり、宛名として日本を代表する二大出版社を告げられた。先程、ぼくを戸惑わせたあきらかに範疇の違う商品群ごとに。

無かった本の注文のために、名刺をいただいた。それを見るまでもなく、ぼくには事情が分かっていた。そのお客様は、フリーのライターだったのだ。買い求められた、そして注文された全然違う二つの範疇の商品群は、原稿執筆のための資料だったのだ。

その後も、ご来店のたびに、新たな範疇の商品群を購入、注文されていく。今や、大事な「お得意様」である。「人は見かけで判断してはいけない」という教訓の正しさの事例を、もう一つ付け加え、東京で書店をやるというのは、やはり「地場産業」の一部となることなのだということを再認識したエピソード。

6

作家・保坂和志は言う。「読書とは第一に、〝読んでいる精神の駆動そのもの〟のことであって情報の蓄積や検索ではない。ということをたまに素晴らしい本を読むと思い出さされる。」(「「読書」という精神の駆動」、『本とコンピュータ』二〇〇〇年冬号)

「素晴らしい本を読む」とき、ぼくらは或いは創造された世界に遊び、或いは未知なる場所や時代に思いを馳せる。ぼくらの精神を全的に捧げるそうした読書経験を思い起こせば、保坂の「読んでいる精神の駆動そのもの」という表現は、ぴったりと腑に落ちる。

だが一方で、「駆動」ということばは、保坂が「情報の蓄積や検索」の世界として読書に対置する、コンピュータの「起動」をも連想させる。つまり読書とコンピュータの差異だけではなく類縁性も示唆しているのである。

「エキスパンドブック」など、いわゆるニューメディア、マルチメディアと呼ばれる商品群について、「環境」ということばがしばしば登場してくる。記憶容量、処理速度などコンピュータやその周辺機器のハードウェア、そこで作動するソフトウェアの、何層にも重なった「環境」が、この新たなメディアの死命さえ制するからだ。「環境」が変化すると、まったく「読めなく」なってしまうこともある。企業の論理によって変化する「環境」に、本のようなニュートラルな約束ごとを期待するのは誤りだと、その上で動くメディアの不安定さを指摘する人たちもいる。書物には、コンテンツを読み出す機器もいらない。ゆっくりと劣化する紙や印刷状態を除けば、今やコンテンツの堅牢さにおいて、書物の方が優位に立つ。

しかし、書物がまったく「環境」フリーかというとそうではない。書物のコンテンツにとって、そもそも冊子体という形状はひとつの「環境」だし、「駆動する精神」も身体という「環境」を持つ。二つの「環境」はより大きな「環境」の中で出会うわけであり、その出会いにふさわしい「環境」とそうでない「環境」が、おのずとある。

電車の中での読書を習慣にしている人は多い。席に座っている時に限らず、世界に名高い通勤ラッシュの中で不恰好に体を捩じらせ、何とか顔の前に本を確保し、苦行のような読書を敢行する姿も、しばしば見受けられる。それは、電車の中という場所が、社会学者アーヴィング・ゴッフマンのいう「儀礼的無関心」が要求され現に生じている典型的な場所であるからかもしれない。満員電車の中で衣服と衣服が擦れ合い、時に肌と肌が触れ合っても、人は互いに「儀礼的無関心」でなければならない。本の世界に入り込むという行為は、そのことを容易にする。また逆に「儀礼的無関心」がルールである場所においては、人は安心して読書という行為に浸れる。「今、何を読んでいるの？」「その本面白い？」などと、突然の暴力的な介入に晒《さら》される危険がないからである。

完全に公的な場所（職場）はもちろん、完全に私的な場所（家庭）もまた、理想的な「環境」ではない。配偶者と二人で居間にいながら読書に耽ることは、意外に難しい。

とはいえ、無理な体勢を強いられる満員電車の中だけが、適切な読書「環境」ではあるまい。「儀礼的無関心」をルールとする他の場所、例えば知り合いを伴わずに入った静かな喫茶店などは、より快適な読書「環境」であろう。そんな「隠れ家」で、人は本の世界というさらなる「隠れ家」へと逃げ込む。香り立つコーヒーを味わいながら、心安らかに好きな本に没頭する時間は、「至福の時」である。本代やコーヒー代は、「至福の経験」そのものの対価なのだ。

書店で本を選ぶという行為が、そうした「至福の経験」の第一歩だと言ってもいいだろうか。

書店の棚に収められた数多くの書物が、訪れた読者をみずからの世界に誘い込もうとする。その誘惑を受けとめ、試行錯誤、逡巡の末、みずからをその読書経験へと誘い込む書物を選択する、すなわち書店で書物を購入するその瞬間こそ、個々の読書経験の第一歩であり、ひょっとしたら最も決定的な一歩だとも思うのである。

だとすれば、書店もまた読書経験にとって重要な「環境」である。「座り読み」用の椅子、テーブルを設置し、客を読書経験へと誘うという書店の戦略は正しいのだ。

（初出、『男の隠れ家』あいであ・らいふ、二〇〇四年一二月）

Ⅳ　書店という現場——本を売るということ

1　(2000. 2)

本を売る生業を「いくさ」になぞらえるならば、書店店頭は間違いなく最前線だ。それは、書店が、本という商品が読者に渡る、金に化ける流通の最後の拠点だからであると同時に、本の購入動機のトップが「書店で見て」であるように需要発生の場であるからでもある。あらかじめ欲しい本が決まっているお客様ももちろんあるが、その場合でも、この生業＝いくさの中で需要として発生するのは書店店頭であると言える。われわれの仕事は、もちろん需要に対して供給することである。

初動は、まず自分の店の在庫をさがすことであろう（その場合にも最近はコンピュータが役立っている）。在庫がなければ取寄せだが、取寄せにも色々なケースがある。取次倉庫から出版社へと遡行的に探していくのが普通だが、すぐさま出版社に電話するケースもある。チェーン店の場合、他支店をさがすケースもある。

ジュンク堂の場合、大阪本店（二〇〇一年以降は池袋本店）の在庫をインターネットで覗けるから、まずそのサイトにアクセスすることも考えられる。最前線の兵士（つまりわれわれ書店員）にとって欲しいのは「タマ（商品）がどこにあるか?」、「どのタマが最も早く手に入るか（お客様に最も早く供給できるか）?」の情報である。

特に品切れ本をさがす時、出版社に電話する場合は人脈が、他支店をさがす場合は「あそこならあるかもしれない」という支店についての知識や勘が、大きな武器になる。インターネットはそれらの武器に付加された新兵器だ。決して代替する兵器ではない。とはいえ、インターネットで検索のフィールドが大きく広がったのは確かだ。

自社でどうしても入手できなければ、ライバル書店のサイトを覗いてみることもできる。どこにもなくて、「日本の古本屋」のサイトで見つけ、在庫を持っている古書店の連絡先をお客様にお教えしたケースもある。

メディアを「人間拡張の原理」と捉えたのはマクルーハンだが、一冊の本の需要―供給がわれわれの仕事の単位であることを省みれば、インターネットというメディアは、「本のありか」としての「書店」の大幅な拡張と見ることができる。その場合でも、需要発生の場＝最前線としての書店の重要性は、決して貶められない。

かつて、ながらく品切れ状態であった時期に高橋和巳の『邪宗門』を問われ、「残念ながら今、新刊本屋で『邪宗門』は入手できません。でもそこそこの規模の図書館なら『高橋和巳全集』は持っていると思います。とっても面白い小説で、ぼくも大好きなので、是非図書館で借りて読んでください」とお客様に懇願したことがある。いくつかの図書館の在庫リストにアクセスし、「書店」をさらに拡張するという作戦も、最前線においては大いに有効であろう。

2 （2000.3）

二月の初めに、平凡社から珍しいいでたちの本が送られてきた。B6並製（というか、ペーパーバック）で、カバーがコピーなのである。そのカバーに「非売品」と大きく書かれ、「再校の段階で、著者の許諾の下に作成された限定版です」云々と注意書きがある。

同封された手紙によると、オンデマンド出版で五〇部つくり、編集と営業で分けて、あちこちに送付したらしい。カバーを外せば、なるほど「非売品No.10」というシールが貼ってある。奥付けもちゃんとあり、発行は二月二三日とある。

「ふーん、これがオンデマンド本か」と、もの珍しげに眺めていたら、ふとあることに思い至って、平凡社に電話をかけた。そして、貴重な五〇冊のうちの一冊をぼくに送ってくれたことに礼を述べ、「これで前書評を書いても差し支えありませんか？」と訊ねた。

「前書評」とは、発行前に少部数をつくり、マスメディアに送って書評を書いてもらい、市場の反応を見たり需要を喚起する、アメリカでは当たり前なマーケティング戦略であり、『ルネッサンスパブリッシャー宣言』（ひつじ書房）で松本功氏も重きを置く構想である。

毎月会社のPR誌『書標』に書評を書きつづけているぼくだが、原稿締切りと発行の間に一〇日間のタイムラグがあるため、いかに幸運に恵まれても、刊行後半月以内には発表できない。新聞書評が刊行二～三ヵ月後というのは当たり前で、書評が効いて問い合わせが重なったときに限って在庫を返品したあとで臍《ほぞ》をかむことが常である書店人としては、何とか「とれたて」の商品の紹介が出来ないかと熱望していたから、松本氏の構想にも大いに共感していた。だが、その方法が思いつかなかった。

「こんな、オンデマンド本の使い方があったのか。うん、これなら建設的だ。」

業界でもオンデマンド出版が、やれ在庫を持たないでもよいだの、絶版商品でも必要な読者に提供できるだの、夢の発明品のように喧伝されているが、出版業が基本的には（範疇によって桁数の差はあれ）大量販売によってでしか利益を生み出さない以上、ぼくはその騒ぎを冷ややかに見ていた。

しかし「需要に基づく製作」ではなく、「需要を産み出す製作」なら話は別だ。ぼくは早速、そのオンデマンド本、柄谷行人著『倫理21』を読み、書評を書いた。『書標』が、二五日締切り五日発行だったため、「書標」での書評は、「前書評」にはならなかったが、それでも刊行後一一日目の書評である。

また、少し長いめのバージョンを別に書き、松本功氏に送信したら、氏の主宰するひつじ書房のホームページから入ることのできる「書評」サイトに載せてくれ、これはわずかだが「前書評」となった。そうしたサイトをどのくらいの人が見ているのか、どれだけ効果があるのかはともかく、こうした地道な積み重ねが、やがて読書需要の喚起や書籍の販売増に結びついていくことを信じ、インターネット時代の販売戦略を模索したい。

3（2000.4）

四月一日付で、仙台店店長から池袋本店副店長に異動となり、三月二四日に着任した。六〇〇坪プラス一五〇坪の仙台店から、地下一階から九階まで一〇フロアの池袋本店への異動では、勝手の違うことが多々あると覚悟していたが、やはり戸惑っている。

振り返ってみれば、中央通路が全長七〇メートルもあった仙台店は野戦であった。カウンターが混んでくると号令一呼、全員が駆けつけた。一〇フロアの店では、そうはいかない。他の階がどんな様子なのか、まったく分からない。まさに空中戦である。また、完全に二交代制になっているため、今日誰が来ているのかさえ容易に摑《つか》めない。毎日朝礼で出社している全員と顔を合わせていた仙台店とは、えらい違いである。

箱のあり方が変われば、仕事のしかた、たたかい方も変わる。引っ越しの時に見つけて読み直した『最終戦争論』（中公文庫）の中で、石原莞爾《かんじ》も時代時代で戦争の仕方がドラスティックに変化していると語っている。隊列の組み方から、命令の単位、軍隊統制のあり方に至るまでである。そして石原は、空中戦の時代には、いくさの単位は個になるという。それぞれの時代のいくさのありようの変遷は、技術の進歩が重要な契機となっていて、空中戦の時代はもちろん飛行機の発明、発達によって到来したものである。

書店の大型化、多階層化にあたっても、コンピュータを中心とした情報技術の進歩があった。他の階の様子が分からない状態でのいくさは、個の力への依存が増す。多様な情報技術を操るのも、むしろ個の仕事であると言える。倒産した駸々堂にいた人々も、経験と力のある人は、色々なところからお呼びがかかり、すでに元気に書店復帰している人もいると聞く。うれしい話である。

異動に伴う環境（＝戦場）の変化に、まだまだ戸惑うことの多いぼくであるが、決して孤独であるわけではない。幸い、ホストコンピュータのあるフロアにいるので、閉店後は必ず各階からのレジ締め終了の内線が入る。その一つひとつに「おつかれ様」と答える時、今日も一日たくさんの仲間と戦っていたのだということを、再確認できるからである。

（2000.5）

4

一〇年近く前のことになると思うが、ある専門書出版社の社長がぼくの職場（当時は京都店）を訪れ、「どうですか。最近、うちの本、売れていますか？」と訊かれた。出版社の経営者としてはすこぶる自然な質問と言えるかもしれないが、上辺では当たりさわりのない受け答えをしながら、腹の底で「そんなこと、いちいち知らんがな。送っている売上カードで、そっちで判断してぇな」と叫んでいたことを、よく覚えている。

今でも、「どうですか？　売れてますか？」と、店を訪れてくれた出版社の営業マンに時候の挨拶に近い質問を受けた時に、必ず同質の違和感（あるいは苛立ち）を感じてしまう。河本英夫著『オートポイエーシス』（青土社）を読んで、その原因が少し分かったような気がする。「オートポイエーシス」においては、行為系と認知系が、まったく別のものとされる。例えば初めて自転車に乗れた時に、人は今何が起こっているのか、認知することはできない。行為そのものによって、自己が（ということは即ち環境が）まったく以前と別のものに変化しつつあるからである。

それと同様、出版販売の最前線にいるぼくたち書店人の行為系は、上がってくる数字によって戦況を判断する経営者の認知系とは、世界の見え方がまったく違うのである。もちろん、経済行為である以上、書店も出版社も、数字を冷静に判断する認知系の部分がなければならないことは確かである。数字に敏感な書店人がいても、それは決して悪くはない。ただ、最前線の兵士としての書店人は、まず行為系であることを自覚すべきであると思う。

仕入れや棚整理に専心努め、訪れた読者に快適な買い物をしていただけるよう動く、そのことが、結果として上がってきた数字を睨み付けて一喜一憂するよりも、（時間的にも本質的にも）優先されるべきなのだ。「書店」とは、単なる箱ではない。書店人が苦労してつくりあげた書棚でもない。空間と書棚と書店員と読者そのすべてを構成素とする、本が売れて行く動きそのものがである。朝一番に出社した時や閉店後一人残った時はもちろん、棚卸しなどで人はたくさんいても読者が介在しない書店の風景が、営業中の書店の日常といかに違った風景に見えることか。このように「書店」を書店員や読者をも構成素とするシステムと捉えた時、「オートポイエーシス」というシステム論には、実に親近感を覚えるのである。

5（2000. 6）

補充品を抱えて棚の前に来る。販売した分が自動発注されているのだから当然といえば当然なのだが、見事に抜けている巻数が埋まって行く。スリップに番線印を押すこともしなくなった今、棚そのものが、自己蘇生する生き物に見えてくる。これは、機械化が生み出した「錯覚」ではない。事柄の本質が、機械化によってよりよく見えるようになっただけなのだ。なぜなら、ぼくらがかつて常備カードに日付印を押していたのも、積極的な仕入れをしたり、諦めて返品をしたりしていたのも、すなわち棚を維持する行為も変様させる行為も、実はすべて読者の購買のあるなしが促したものであり、SAの導入以前から、いわば「極めて曖昧なPOSデータ」が動機づけていたものなのである。

SA化後のPOSデータそのものやその徴票は、書店員にとって、まさに室井尚《ひさし》のいう「外部記憶装置」（延長された表現型＝生命体の分泌物）なのである（『哲学問題としてのテクノロジー』講談社）。だとすれば、前回挙げた「オートポイエーシスとしての書店」の構成素、すなわち空間、書棚、書店員、読者には、重要なものが抜けていたといえる。本が売れるという、そのこと自体である。なぜならば、オートポイエーシスの構成素とは、次の作動をもたらすものでなくてはならず、今言ったように「本が売れること」が、書店員の次の作業や書棚、空間の変様をもたらす根源だからである。

ぼくには、書店員の主体性といったものをまったく無視したり無意味だと言ったりするつもりは毛頭ない。ただ、「本が売れること」を捨象したり、あるいはそれよりも優位に立つ書店員の「主体性」は、「オートポイエーシスとしての書店」の構成素とはなり得ないと言っているのだ。仮にそうした「主体性」を想定してみると、出来上がるのは見事に構成されながら誰もそこから本を引き抜こうとしない、生命の無い彫像、芸術作品でしかなく、それは決して次の作動をもたらさないから、構成素ではなく異物となってしまうのだ。「本が売れること」を最も根源的な構成素と見、品揃え、棚構成、接客態度を含めたすべての要素がそれへと繋がっていった時初めて、それらは、「（働きそのものが自己を形成する）オートポイエーシスとしての書店」の構成素たり得るのである。

そして、そうなり得た書店は、大抵の場合既に、パブリシティや時代的・社会的背景に至るまで、読者の「本が読みたい」というモチベーションを高め「本が売れること」へと繋がる、より大きなシステムの構成素と共振する努力を重ね、現に共振を成就しているのだ。その時、その書店は、みずからの物理的な壁を突き破り、認知系としてではなく、行為系としての「巨大さ」を誇ることができるであろう。

（2003.9）

6

新評論の『シャルラタン――歴史と諧謔の仕掛人たち』（蔵持不三也著）を読んだ。

「シャルラタン」とは、鳴り物入りの大仰な口上と共に市場に登場し、言葉の魔力で聴衆に「万能薬」を売りつける、「いかさま薬売り」である。みずから毒をあおり、或いは毒蛇に腕を嚙ませ、「万能薬」の効能を証明するパフォーマンスも付随する（日本伝統の「蝦蟇《がま》の油売り」に近しいといえるか）。

そうした存在は、（「薬売り」という部分で）医学の世界でも、（一種の興業という部分で）演劇の世界でも、典型的な「異端」である。だが、だからこそ同時に、「異端」である「シャルラタン」は、それぞれの世界で、たとえば大学の「お墨付き」をもらった医師、権力者にみずからの特権を守るための禁令を出させる国王劇団といった「正統」を確立する役割を果すのである。そしてその役割は、皮肉にもみずからの存在を危うくするのであるが、一方で民衆的な眼差しの行方は、必ずしも権力側のそれと重なり合うとは限らない。だからこそ、民間療法や健康法の中に、今日でも「シャルラタニズム」は棲息しているのだ。

なるほど少女の父親はこの怪しげな飲み物を服して治ったのかもしれない。だが、それを真に現実化したのは、おそらくこうしたテクストを生み出し、そこから快癒への回路を導き出した集団的なイマジネールの方だったはずだ。民間療法とは、畢竟そうしたメカニズムに立脚しているのではないか。だとすれば、このイマジネールとは、すでに指摘しておいたシャルラタンのそれとほとんど択ぶところがないということになる。(四〇三頁)

「癒すこと」ができさえすれば、「正統」か「異端」かは問題ではない。むしろ民衆が「異端」の方に魅かれていたということは、モリエールを頂点とするフランス喜劇の「正統」の中で、「医者の滑稽にして吝嗇ないし粗忽な役柄は、それを見る観客に笑いを引き起こす仕掛けともなっていた」ことからも、充分に推測される。

シャルラタンたちが「正統」によるあまたの禁令にもかかわらずに生き延びたという事実それ自体が、民衆の眼差しと共振していたことを実証していると言えるかもしれない。

面白いのは、一九世紀初頭になると、シャルラタンたちが「かつての客寄せ芝居に代えて、ビラ、つまり簡単な文字を配した宣伝チラシの類を配るようになっていた」ということだ。彼らは、

「顧客開発のため、識字層の拡大と軌を一にする新たな媒体を用いて、今日的な広告へとつながる新たな戦略をいち早く導入したのである」（三二三頁）。

そうした文字媒体の重視にも親近感を覚えながら、シャルラタンたちの批判精神やしたたかさについて読み進むうちに、いつしかぼくは、出版物の販売という仕事のなかで、自分もよき「シャルラタン」でありたいという気持ちを抱き始めていた。ひとつには出版物がつねに時代や情況に対して批判精神を持っているべき商品であるからであり、ひとつにはそうした商品を販売するという営為には、つねにしたたかさが求められるからである。そして、大仰に言えば、出版物という商品が「魂の薬」でもありうるからである。

とはいえ、ぼくたちは書店の店頭で鳴り物入りの大仰な口上を謳いあげるわけにはいかない。「書評」がかろうじてそれに近いかもしれないが、本来的には書店人の仕事ではないし、うるさくポップを飾り立てるのも、ぼくの趣味ではない。

「レイアウト」こそ、われわれ書店人にとって「シャルラタンの口上」にあたるのではないか。入荷した商品を、読者にとって腑に落ち、あるいは発見があるかたちで棚に並べていく。その作業のなかに書店人の知識やセンスが反映されれば、よき「シャルラタン」の口上やパフォーマンスに通じる仕事ができるのではないだろうか。いずれの場合も、目的は商品の販売である。

極端にいえば「レイアウト」こそ「（環境）情報」のすべてだ、と言うのが、『レイアウトの法則』（春秋社）における佐々木正人である。

佐々木によれば、動物を包囲している出来事とは、複合するレイアウトの変形にほかならない。すべての動物は、空と地面とがつくる大規模な光のレイアウトや、接近してくる動物表面の肌理の拡大など視覚の情報を共有し、その行動を制御するために利用している。そもそも知覚とは、レイアウトの利用にほかならないのだ。レイアウトの変化こそが、ゴールまでの経路で行為をガイドし、レイアウトがあること、レイアウトが変更していくことによって行為は動かされている。レイアウトと行為とは循環している。

そして佐々木は、「人間なんて偉そうにしていますが、三種の修正をサーフェス（表面）に続けているだけ」（二一七頁）という。第一にサーフェスのレイアウトに利用できる意味を貪欲に探す、第二にサーフェスのレイアウトを修整する、そしてもともとサーフェスになかったものをサーフェスに刻む、それが「三種の修正」なのであるが、「文字を書く、書物を作るなんて高等だとされていることも、サーフェスの三番目の変形」（二一七頁）に過ぎないのである。

ならば、出版物を書店の棚にレイアウトしていくという作業は、「サーフェスの三番目の変形」の延長であり、読者に新たな「アフォーダンス（環境情報）」を提供する仕事と言えるだろう。読者の書店内の彷徨を書棚のレイアウトの変化がガイドし、その彷徨じたいが心地よいものであることによって読者が数多くの出版物と出会い、購入するという行為（それはほんの少しだがレイアウトを変化させる行為でもある＝「レイアウトと行為とは循環している」）に導くことができた時に、そのレイアウトは、よき「シャルラタン的口上」に匹敵する仕事と言えるのではないだろうか。

7 (2004.1)

新しい年を迎え、年賀状の文面に今年の抱負などをしたためようとするが、書店人の仕事、ことさら新奇なアイデアが沸くわけでもなく、これまで同様一冊一冊の本を地道に読者に手渡していくほかない。これまた今更ながらであるが、ぼくらは「販売員」なのであるという基本的な事がらを決して忘れないでいよう、と思うばかりである。

それに因《ちな》んだ話題をひとつ。

前回紹介した『シャルラタン』を、『SPA!』の「こだわり店員の大プッシュはこれだ」欄で取り上げた。数日後、長らく受け取ったこともなかったような可愛らしい封筒に収められた一通の手紙を受け取った。差出人のA・Yさんという名前は記憶にない。何だろうと思って開封してみると、『SPA!』でたまたまぼくの紹介記事を読んで『シャルラタン』を早速購入し読んでみたらとても素晴らしい本で、思わず夜を徹して読み通してしまった由。紹介したぼくに対する過分な感謝に満ちた「礼状」であった。

自著や業界紙などに掲載された記事の感想をもらったことはあるが、書評や紹介記事への「礼状」は初めてである。いささか戸惑いながらも、「書店人冥利に尽きる」とも思い、記載されてあったアドレスにメールを送り、こちらからも感謝の気持ちを伝えた。

すぐに返信があり、数度にわたってメールのやり取りをしたが、最初の手紙やメールを通じて、A・Yさんがスーパーや百貨店の食料品売場で試食品を来店客に振る舞い、商品を販売する「マネキン」であること、それも用意された商品を必ず完売する凄腕の「スーパー・マネキン」であることを知った。同時に彼女が高校演劇の出身で劇団経験もあり、演技の研鑽を積みそれを現在の仕事に生かしていることも分かり、なるほど「シャルラタン」に共振してくれたのは当然だな、と得心した。

初冬のある日、上京した彼女が来店してくれた。その時手渡された「お土産」の包みを開くと、彼女の著書が入っていた。『パワー・マネキン式　デパ地下・スーパーマーケットの食料品完売マニュアル』（松田明著、文芸社）である。松田明とはA・Yさんのペンネームである。

ぼくは自著『劇場としての書店』を送った。数日後、「すごく共感して読み通した」というメールが届いた。少し遅れて、ぼくも『パワー・マネキン式…』を読んでみた。正直言って、最初はピンクと黄色のド派手なカバー・デザインと太字・大活字がやたらに多い本文のページ構成に少しばかりの抵抗があったのだが、読み進むうちにそんなことも忘れ、ぼくの方も大いなる共感を持って読み終えた。そこにはぼくが『劇場としての書店』第二幕で主張したことが、実に具体的に、屈託なく書かれている。全編に貫かれているのは、「販売員」としてのプロ意識、そして仕事に誇りと喜びを持とうとする積極的な姿勢である。この本に較べたらぼくの文章などまだまだ裃を着た文章で、いささか気恥ずかしい思いさえした。

お客さんの笑顔を見ると心が満たされていくのです。心が満たされることは快感だから（人間は快感を求める生き物だから）、パワー・マネキンは安いギャラでもがんばって働いてしまうのですよ。そして心が満たされているから、笑顔が本物の笑顔になる。そのことは、必ずお客さんに通じるし、楽しい気分は伝染するんです。（一三頁）

生まれて初めてこの仕事をしたときでさえ、「二年目です」と答えていました。それでまわりが安心するなら、それでいいのです。うそも方便です（ただし、言ったからには必ずプロの仕事をすること！）。（一四九頁）

この手のハッタリをかますことに罪悪感、気後れを感じるタイプの人間は、おそらく販売業自体に向いていないのです。（一五〇頁）

『パワー・マネキン式…』の本文の一部です。どうです、痛快でしょう、元気が出てくるでしょう。書店店頭を活気溢れた場にしたいと思っているみなさんには、是非ご一読をお薦めします。

どんなに舌を嚙もうと、どんなに滑稽な売り込みをしようと、それは彼女にとっての真実なのだから、見ている人は決して馬鹿になんかしません。彼女の本気が、頑張りが、見ている人の胸を打つのです。本気になるためには、とにかく大きな声を出して、本当の汗をかくことです。大きな声を出すということそのものが、すでに「真実味」を伴ってくるからです。人は必死のときにしか、そんな大声は出さないからです。（二一七頁）

ぼくも『劇場としての書店』第一幕において、「ほんとう」であることがいかに大事かを、（まだ袢を着た文章だったかもしれないが）切々と訴えたつもりである。また、結果的に演劇部や劇団出身者・関係者をアルバイトとして雇い入れることが多かったということも書いたが、松田さんも、次のように自信を持って言い切る。

「腹式呼吸」、「滑舌」、「ユーモア」この三つは絶対に外せない条件なんです。（一六七頁）

彼ら（都会の劇団員）にとって、一日中大声を出してもかまわない職場が与えられたというのは、無料でボイトレスタジオを貸してもらったのと同じです。お金を払ってでも大声を出したい、と思っている人間の集まりを、みすみす見逃す手はありません。（一七七頁）

確かに食料品売場と書店店頭は違う。書店の売場では、大声でお客様を呼び込むべき状況はほとんどない。しかし、問い合わせへの応答、棚の場所が分からず困っているお客様への声かけ、レジカウンターでの誘導など、お客様と言葉をかわす場面はいくらでもある。松田さんの「パワー・マネキン」のノウハウを翻訳して応用する余地は大いにあると思う。商品（食材）についての情報を書物やインターネットを駆使して調べ上げ、試食品に工夫を凝らしたり客の購入動機を生み出したりする彼女の「プロ意識」に満ちた姿勢は、特に学ぶべきところが大であろう。

買ってください、とお願いするのではなくて、「私はこんなことができますよ、こんな情報を持っていますよ、お教えしますから寄ってらっしゃい！」というメッセージを発信するのです。（六四頁）

彼女は、タイムサービスが嫌いだと言う。だから、売れ残りをタイムサービスに出す前に完売を目指す。

タイムサービスに頼るのって、「負け」確定ですよね？　あれは売れ残りを捨て値で売りさばいているだけだから。だいたい、アタマ悪いじゃないですが。売る方法が値下げしかないなんて！　負けが確定してから本気出しても遅いですよ。（一三五頁）

再販制のもと、書店現場にタイムサービスはない。

8（2004. 2）

村上龍の『13歳のハローワーク』（幻冬舎）がよく売れている。現代思想のジャンルでは、渋谷望の『魂の労働』（青土社）が話題となっている。長引く不況の影響で、誰もが仕事について、労働について見つめなおす必要を感じているのかもしれない。「13歳」にとっては、それはみずからの将来について思い巡らす作業であり、すでに職業を持っている者にとってはみずからの仕事を改めて見つめなおす作業であろう。それぞれが同じくらいに重く、困難な作業である。

というわけで、ぼくはぼくの仕事＝書店人を見つめなおそう。前回書いたように、「ぼくらは「販売員」なのであるという基本的な事がらを決して忘れないでいよう」というのがさしあたっての足場である。販売員の仕事とは、商品を客に売ることである。客なくして販売員の仕事はない、すなわち販売員は存在し得ない。それゆえ販売員の本質は客にある、とヘーゲルのように言わなくとも、販売員が客との関係性の一項としてのみあるということは自明である。

販売員もまたまぎれもなく労働者であるが、客との関係性を踏まえて考えれば、フォーディズムの時代、「モダンタイムズ」でチャップリンが描いた機械とのみ格闘する労働者、言い換えれば機械を介在し究極的には経営者とのみ相対する労働者とは、性格が違う。

> 産業労働者が自己の労働を、自己の感情とは切り離すことのできる〈商品〉として扱うのに対して、介護労働や感情労働に従事する者は、介護される側（顧客）との長期、短期的な信頼関係にコミットしているがゆえに、十全にその感情労働を商品化することができない。それゆえつねに、顧客に対する〈感情〉や〈配慮〉を優先させるか、それとも労働の〈商品化〉を優先させるかを決めかねる困難なポジションにあるといえる。（『魂の労働』三〇-一頁）

渋谷は、介護労働を典型的な例に取り、生産中心的な社会から「脱工業（産業）社会」への転換が進行しつつある中での〈労働〉の変容に目を向ける。その際のキー概念である「感情労働」とは、ホックシールドの定義によれば、「公に観察可能な表情と身体による表現を作り出すために感情を管理することを意味する。感情労働は賃金のために売られるものであり、それゆえ交換価値を有する」（『管理される心』世界思想社）。

渋谷は、TQM（Total Quality Management）に依拠した「日本的経営」（その第一の特徴として「クォリティが顧客の要請への合致として定義される」）により、工場における産業労働者も〈感情労働者〉へといわばつくり変えられたと看破し、「労使関係に顧客との関係が介在するため、感情労働に従事する者は、産業労働者のように、商品化されたものとして労働を自己からクールに切り離す態度や、労働条件をめぐって経営者とラディカルに対決するインセンティヴが削がれていく」（『魂の労働』三二頁）危険を指摘する。そこに権力による〈生〉の支配の新しいかつ強力なあり方を見て取るのだが、同時に「〈生〉に内在する豊かな壊乱的性質は権力の痛点を構成する」（四三頁）、すなわち権力の側の最大の弱点も見出すのである。

ポストフォーディズムやネオリベラリズム、さらにはグローバリゼーションをも視野に収めた渋谷のスケールの大きな議論展開には大いに関心があるが、ここでは販売員としての書店人というテーマにとどまろう。

顧客との関係が介護労働ほど密着・長時間ではないとはいえ、販売員である書店人も、〈感情労働者〉であることに違いはない。職場において、顧客と対峙した時、つねにしかるべき「表情と身体による表現を作り出すために感情を管理する」必要に迫られる。すべての販売員同様、顧客との関係は、買い手―売り手の関係として非対称性を持つからである。買い手の支払う購入代金には、販売員の付加価値が含まれており、それが販売員の賃金となる。購入代金の一部の代償として、買い手は売り手に相応のサービスを要求する。その中には「しかるべき表情と身体による表現」も、当然のこととして含まれているのである。顧客との関係そのものから発生する感情（たとえば顧客の横柄な態度やわがままな要求に対する反発）も、それとは直接関係のない原因による感情（たとえば上司への不満）も、顧客の前で表出する権利は販売員にはないのである。販売員は「感情を管理」する必要があり、それゆえ〈感情労働者〉と呼ばれるのである。

書店人の場合、非対称性はお金を支払う側―お金を受け取る側の非対称性にはとどまらない。本という商品についての知識においても、顧客の方が圧倒的に優位である場合がほとんどである。家電店で店員が製品の特長について顧客に説明しているような図は、書店においては極めて例外的な場面だ。

そうした二重の劣位にもかかわらず販売現場でみずからの喜びを表現すること（そのことが第一に求められているのだ――無愛想な応対、不満そうな態度は、何よりもクレームの対象になる）、しかもその喜びが「ほんとう」のものでなければならない（そうでない応対は「マニュアル的」だと、クレームの対象になる）ならば、そのための「感情の管理」、もっといえば「感情の創出」の仕事は、まさしく俳優のそれと同質である。俳優もまた、みずからの職場である舞台に立った途端に、劇中での「役」を引き受ける＝「役」の感情を創出することが、仕事であるからである。

前回紹介した『パワー・マネキン式…』の著者松田明さんも、演劇経験者であり、その経験を見事に仕事に生かしている。「どんな店員よりも現場を知り尽くし、桁違いの販売能力を持ち、常識的な仕入れ量ならどんな商品でも完売させることができる販売のプロ」である「パワー・マネキン」たることを自他共に認める彼女は、「「腹式呼吸」、「滑舌」、「ユーモア」、この三つは絶対に外せない条件」だと言い切る。それは、俳優として「絶対に外せない条件」でもある。販売員としての素地と俳優としての素地に同質のものを見出すのは間違いではないと思うのである。

9 (2004.6)

四月二七日、岩波セミナールームで、芳林堂書店(高田馬場店)を退職したばかりの生天目《なまため》美代子さんのお話をうかがうことができた。

お客様との付き合い方、販元・取次の人たちとの接し方、フェアのつくり方など、具体的な数々の話題は、三〇年の現場体験に裏打ちされて重みがあり、特に参加していた若い人たちに、刺激を与えたと思う。「書店人の条件」が「本の好きな人→販売が好きな人→整理能力のある人」と時代と共に変化してきたというお話は、とりわけ印象に残った。

講演後の懇親会で、新文化の石橋記者が聞いてきた。「今日の生天目さんの話の中で、スリップを実際にさわることによって売上げを実感することの意義が言われていたのですが、SA化を推進し、スリップを使わなくなった立場としてはどうですか?」

「スリップをさわることの意義は、まったく同感です。今でもカウンターにたまったスリップを手にすると、ぼくなんかでも色々なことが見えてくる。生天目さんのようなベテランなら、ましてやそうでしょう。」ぼくは即座に答えた。

「しかし、」とすぐに付け加える。

「スリップを正確に分ける作業には、かなりの熟練が必要で、かつ熟練をもってしても時間を要します。生天目さんほどのベテランにしてなお、家に持ち帰ってご主人がお風呂に入っている間を利用していたという話だったじゃないですか。しかも手作業だとそれが毎回の話になる。しかるべく調整されたＳＡシステムを導入した場合、商品の分類コードを一度登録しさえすれば、売れた商品のデータの分類は自動化される。かつてぼくらがやっていた再分類、すなわち在庫チェックのため棚順にスリップを並べ替える作業も、同時にできる。一覧表をその順にプリントアウトできるわけです。こうした分類や、スリップを一枚一枚数えるという作業を代替するカウント作業は、コンピュータはとにかく得意です。いかな熟練者でもかなうわけがない。いわばＳＡ化とは、売上げ管理の合理化のために使われていたスリップ（＝商品のrepresent）をさらに合理化せんとするものですから、スリップを使ってできていたことをできる限り「翻訳」していく必要がある。そのためには、なまじスリップを併用していてはダメで、スリップを一切使わない状況をつくって炙り出されてくる不具合を解消すべくシステムを進化させる必要があるのです。」

「合理化」とは、昨今謂われもなく伴ってしまっている「人減らし」を含意するものではまったくない。ヘーゲリアンとして言わせてもらえば、「合理化」の「理」は「理性」の「理」であり、「合理化」とは本来徹底的に人間に合わせるということであるはずだ。そのためになされるシステムの進化は、徹底的に人に資するものであるべきなのだ。スリップを順に並べて在庫チェックに備えることも、スリップを数えることも、売場を担当する人の行動を補佐し、発注や棚構成における意志決定を援助するものであった。データ処理やカウント能力に勝るコンピュータの導入は、そうした補佐・援助をさらに強化するのが目的であって、補佐・援助すべき人があって初めて意味のあるものとなる。システムの進化とは、そうした人とのインターフェイスをより有意義なものとすることなのである。

「あくまで人が主であり、システムが従である。そうでないとシステムの存在意義そのものが疑わしい」という立場にたつ時、シューマッハーの「中間技術」という概念が参考になる。ガンジーの「世界中の貧しい人たちを救うのは、大量生産ではなく、大衆による生産である」という言葉を受け、シューマッハーは、資本集約的で大量のエネルギーを食う労働節約型の「大量生産の技術」に「大衆による生産」を対置、それを次のように性格づける。

誰もがもっている尊い資源、すなわちよく働く頭と器用な手が活用され、これを第一級の道具が助ける。現代の知識、経験の最良のものを活用、分散化を促進、エコロジーの法則にそむかず、稀少な資源を乱費せず、人間を機械に奉仕させるのではなく、人間に役立つように作られている。(『スモール・イズ・ビューティフル』講談社学術文庫、二〇四頁)

そして、そうした「大衆による生産の技術」を「中間技術」と名付ける。その名は、「過去の幼稚な技術よりずっと優れたものではあるが、豊かな国の巨大技術と比べると、はるかに素朴で安く、しかも制約が少ない性格を言い表している」(二〇四頁)。
いわば「中間技術」は、ひたすら労働者の節約を目指す「巨大技術」と違い、機械と人間労働の双方を生産の為の資本とするシステムなのだ。「中間」は決して「逆行」を意味せず、「中間技術」は「巨大技術」より劣ったものではない、とシューマッハーは言う。

科学の本当の成果というものは正確な知識の積み上げにあり、その応用にはさまざまなかたちがあって、現代工業で今行われているのは、その一つにすぎない。だから、中間技術の開発とは新しい応用の開拓であり、この応用分野では、労働を節約し仕事を減らすために生産方法＝技術に莫大なカネをかけたり、これを複雑にしたりすることは避けられ、技術は労働力のあまった社会に適したものになるのである。(二四五頁)

シューマッハーの「中間技術」は、もともとインドをはじめとする所謂「被援助国」の開発に関して構想されたものである。しかし、そのことは、われわれがシステム開発に当たって「中間技術」という発想を参照することの妨げにはならない。内橋克人が言うように、今の日本も、シューマッハーが見て取る「被援助国」の問題・状況を共有しているのだ。

有能な職能人が自分にとってもっとも能力を発揮できる職場から締め出されるということは、

彼が発揮できたであろう知的能力、開発力、高度の技術力など、社会にとって貴重な資源があったら廃棄物にされてしまうということである。これこそ真の意味での「社会的浪費」である。（『〈節度の経済学〉の時代』朝日新聞社、二四頁）

そもそも書店現場のＳＡ化は、小売業の中でも明らかに後進である。われわれのフィールドには、極端な機械化に馴染まない要素があるのかもしれない。そのことを、ぼくは否定的にはとらえない。むしろ、われわれの仕事が資本集約的ではなく労働集約的であること、すなわち書店現場がいまなお「人」が最も重要である空間であり続けていることに、誇りを持ちたいと思う。ぼくが「中間技術」に注目するのは、そのためなのだ。

10（2004.7）

前回に引き続き、シューマッハーに学ぶ。

私は機械的日常作業として長期の予想を絶えず修正するということに価値があるとも思わない。予想が求められるのは、長期的決定を下したり、以前の長期的決定を見直すときだけで、それは大企業でさえ頻繁に起こるわけではない。そして、そのときには、最良のデータを慎重かつ入念に選んで集め、一つ一つを経験に照して判断し、最後に衆知を集めて妥当な結論に到達するのがいいのである。こうした手間のかかる、しかも手探りの方法を、機械を使って省けると考えるのは、自らを欺くことである。（三二〇頁）

『スモール・イズ・ビューティフル』の「未来予言の機会？」という章の一節である。この章においてシューマッハーは、「人間の自由と言う例の玄妙で生命力に満ちた要因が入ってくる」（二九八頁）未来を予言・予測することの可能性を、とりわけ現代において数式、そしてコンピュータの統計解析能力のめまぐるしい進歩によってそれが可能になるという仮定に、大きな疑問を投げかける。

引用文の前半からわかるように、シューマッハーがここで主に議論の対象にしているのは、国家的な計画経済、企業の長期的な戦略などマクロな経済、経営であるが、同じことはミクロにも、例えばわれわれ書店人の日常業務にも言えると思うのである。

遅れてきたSA化も、今や当たり前の労働環境になってきた。新刊発注、追加注文、あるいは返品を、その商品或いは過去の商品の売上実績をコンピュータ端末で参照して行うことは、もはや日常的である。

そのこと自体に異論はない。色々な機会に繰り返し述べてきたように、過去の売上実績をさまざまな作業の根拠とすることは、機械導入以前からずっとやってきたことだからだ。SA化は、売上実績の集計を明らかに簡便に正確にしてくれる。

問題なのは、売上実績の集計が判断根拠のすべてであると錯覚することだ。言い換えれば、SA化が仕事の全工程を機械的に決定してくれると考えることだ。シューマッハーの言葉を借りるならば、SA化は「最良のデータを慎重かつ入念に選んで集め」る作業を助けてくれるだけであり、「一つ一つを経験に照して判断し、最後に衆知を集め」る仕事は、人間に残されている。そのことを忘れては、SA化は決して有効な戦略にはつながらない。むしろ売上集計が容易でなく、随時それを参照できなかった時代の方が、やむを得ず衆知を集め、みずから判断するという仕事ができていたかもしれない。そうした経験の積み重ねが書店人を育てていたはずであり、SA化による便利さゆえの錯覚は、マイリス効果こそ大きいと言える。

だからと言って、SA化無用論を唱えるつもりは、毛頭ない。SA化による売上実績へのアクセスの容易さは、「最良のデータを慎重かつ入念に選んで集め、一つ一つを経験に照して判断し、最後に衆知を集めて妥当な結論に到達する」という仕事の工程の前半の部分を大いに助けてくれるものであり、工程をトータルに捉える時、かつその時に限り大きな武器となってくれるからである。

状況は刻一刻と変わり、書店現場においても毎日がゼロからの出発である。日に二〇〇点以上出る新刊の売れ行きは予想がつかない。既刊本についても然りである。出て何日たったら売れなくなるという目安はない。ぼくら書店人にとってもっとも大切なのは、みずからが本が売れる瞬間に、売れる場に立ち会っているということの自覚である。それこそが最大の武器であり、仕事の全工程を首尾よく収めるための条件である。本が目の前で売れていく場にあって感性を研ぎ澄ますことが、何よりも大事なのである。

「立ち止まり、見回し、耳を澄ませ」というモットーは、「予想表を見よ」にまさるのである。（三一三頁）

想像図を本物の地図だと勘違いして使う人は、往々にして地図などもたない人に劣る。なぜかというと、そういう人は、道をたずねたり、地形をよく観察し、方向を示すものを探して、カンと頭とを絶えず働かせることを怠るからである。（三〇四頁）

販売現場において「想像図」にあたるものは、例えば検索端末だろうか。それは確かに便利なものではあるが、ＰＯＳデータの集信や仕入れ実績の入力の反映に生じるタイムラグ、取り置き、場合によっては万引きによって生じる実態との相違の可能性を考えた場合、検索結果を鵜呑みにすることは、たいへん危険である。そうした相違を可能な限り小さくしていくシステム上の努力は当然必要だが、完璧なシステムはありえないことも肝に銘じておかなければならない。

そもそも機械が示す結果をそのまま伝えるだけなら、書店人は要らない。お客様が望む本について、検索結果をもとに「現在当店に在庫はございません」と誇らしげに宣言する店員など、よしそれが言明として誤りでなかったとしても、本末転倒もいいところである。

われわれの役目は、お客様の求める本を提供することであり、もしもそれが手元にないならば、入手可能性やそのための所要日数を調べ、あるいは代替品について提案することである。そのためには、すなわちせっかく来店してくださったお客様に満足を与えるためには、「道をたずねたり、地形をよく観察し、方向を示すものを探して、カンと頭とを絶えず働かせる」姿勢が、常に要求されているのである。

11 (2004. 9)

戸田市立図書館や埼玉県立図書館から資料を配送してもらい、その受け取り場所としてよく利用している家の近くの上戸田分室のささやかな新着図書コーナーで、紺野登著『創造経営の戦略』(ちくま新書)を見つけたのは、六月下旬のことだった。何となく気になりながらその時は借りなかったのだが、一週間後に訪れた時まだそこに並んでいたのを見つけ、借りて読んでみた。

新書版というコンパクトなつくりの本書から、多くのことを教えられた。その中でも特に印象に残ったのは、「経験デザイン」という概念である。

この概念のために紺野氏は、「第五章　「経験」をデザインする」という一章を割き、そこで、「経験デザイン」とは、個人的記憶、深層心理、文化、社会コードなどをてがかりとして、経験価値＝高付加価値の創出を行うことである」（一五六頁）と定義づける。すなわちここで言う「デザイン」とは、最早商品の意匠に留まるものではなく、顧客の「経験」そのものを方向付け、顧客満足を獲得する「はたらきかけ」なのである。

わかりやすいのは、ディズニーランドなどのテーマパークが来場者に与える付加価値であろう。紺野氏は、豆を買って自宅で飲む場合から有名珈琲店で飲む場合まで、さまざまな状況の価格差を例に上げ、「コーヒーバーやカフェで売っているのはコーヒーだけではない。コーヒーを飲むという「経験」をこそ彼らは売っているのだ。でないと、この値段の格差はありえない。経験は主観価値の具現化された象徴的な例だ」（一四四頁）という。

ここで述べられる「主観価値」という概念こそ、「第三章　客観価値から主観価値へ」という一章が割かれる、もうひとつのキー・コンセプトである。


顧客（＝個客）がソリューションをつうじて得られる価値は、顧客の特定の状況や条件によって異なる。そのため、基本的には価値ベースの価格が主流となる。問題は、コストの積み上げで価格を決めるのではなく、価値によって決めていくという点だ。その背景には「知」があ

る。（八一頁）

すなわち、

顧客が欲するサービスを実現した結果、顧客によって感じられる価値への対価から利益を配分するのである、それは単なるサービス化を指しているのではない。ハードはある意味でこれまでのハード以上に重要である。むしろ、サービスもソフトも、ハードも、個客が価値を感じ、かつそれぞれの提供者が相応に利益配分できる仕組みのデザインが重要だといえるのである。（一一四頁）

「主観価値」の重要性は、テーマパーク的なサービス業に限定されるわけではない。高級レストラン等はもちろん、航空や配送、ブランド商品やコンピュータの販売（デルの戦略）など、広い範囲の業態で、紺野氏は「主観価値」の重要性を認識した戦略の成功例を挙げる。

省みれば、書物という商品こそ、顧客の「主観価値」がその成否を左右する商品の最たるものではないだろうか。確かに、書物の価格も、制作費プラスαを分子、刷り部数を分母とする「客観価値」である点で他の商品と共通しているが、その書物をその価格で買うかどうかは、読者の「主観価値」に徹底して委ねられる。そもそも刷り部数自体が、その書物を読もうとする読者の意志を想定して決定されるわけだから、価格そのものが、あらかじめ読者の「主観価値」を組み込んでいるとも言える。

読者という顧客（＝個客）は、ほぼ例外なく、書物という物体に対価を払うのではなく、その書物を読むということ、すなわち読書という経験に対価を支払う。だから、著者や編集者の「はたらきかけ」は、顧客の読書経験をデザインすることだと言っていい。

ひるがえって、まさに書物という商品の販売現場にいる書店人はどうか。書店人の「はたらきかけ」もまた、顧客である読者の「経験をデザイン」することなのだろうか。然り、とぼくは答えたい。それは、書物を買うという行為が、まさに読書経験の第一歩と言えると思うからである。

書店を訪れる読者は、何よりも書物との素敵な出会いを期待する。購入書物があらかじめ定まっている「目的買い」のケースも多々あろうが、それでも二冊目からは「衝動買い」なのだ。その「衝動」を受けとめ、試行錯誤、逡巡の末、みずからをその「読書経験」へと誘い込む書物を選択する、すなわち書店で書物を購入するその瞬間こそ、個々の「読書経験」の第一歩であり、ひょっとしたら最も決定的な一歩だと言ってもいいかもしれない。

「出会い」は、さまざまな偶然に支配される。「衝動」を産み出す、多様なしかけや演出が可能である。その多様性こそ、読者の「経験」に関与する書店人の「はたらきかけ」の特徴であって、日本中の書店が『ハリー・ポッター』の予約数を競って狂乱する状況は、例外（もっと言えば異常）なのだ。

「経験デザイン」について語る紺野氏に、今少し耳を傾けよう。

そこでは、個人（たとえばデザイナー）が独自で獲得した、あるいは個人が社会的・文化的に共有した意識的経験が核になる。（一五六頁）

経験デザインにおいては、単に顧客はこう感じるのではないかという想像ではなく、自分の原体験や顧客との対話が必要だ。（一五八頁）

経験デザインといったときに重要（本質的）になるのは、外的刺激や出来事の提供よりも、内的経験であり、顧客に価値を提供しようとする際にとくに意識すべき点である。（一六九頁）

こうして見ると、書物を買うという行為が「読書経験」の最初の重要な一部分だとするならば、その「経験」をデザインする書店人が、みずから読者と「経験」を共有していることは、必要不可欠なことではないだろうか。

元ブックストア談の青田恵一氏は、近著『書店ルネッサンス』（青田コーポレーション出版部発行・八潮出版社発売）において、これからの書店経営において「ひとづくり」こそ最も重要であると、繰り返し主張されている。

「ひと」とは読者第一を志す「ひと」であり、ノウハウとは読者満足のノウハウを指す。読者満足に向け革新を続けることが、生き延びる書店の条件といえよう。(一九八頁)

問題意識は、まったく共有していると思う。

12 (2004.10)

前回取り上げた『創造経営の戦略』で、もうひとつ魅かれたのは「暗黙知」という概念である。この概念を生み出したマイケル・ポランニーは、主に生物の進化や科学の進歩の場面でその重要性を主張している(『暗黙知の次元』ちくま学芸文庫)が、紺野氏は、ステージを経営の場に移す。

「暗黙知」は、「社会的で客観的」な「形式知」に対して「個人的で主観的」な知識である(例えば、有名シェフの知)。身体に埋め込まれた知であり、言語化して理解可能にすることが難しい。そうした、言葉にならず、把握しにくい「暗黙知」を、従来の経営理論は軽視してきたが、紺野氏は、「誰もが明確にわかるような知識はやがてコピーされて価値を失う」とし、経営にとって「暗黙知」こそ重要だと説く。

容易に真似できない知識であるからこそ、暗黙知には価値があり、それを醸成・内包する豊かなワークプレイスの構築は企業にとって最大の命題となる。工場であれ、売り場であれ、オフィスであれ、知識は身体作業をともなう現場の実践（プラクティス）から生まれる。その場に立ち、皮膚感覚で感じなければ、見過ごしてしまう暗黙知の軽視は、現実乖離に向かう。（一七五頁）

ぼくが魅力を感じるのは、まず「暗黙知」が言語化されないという点である。それは、仕事のマニュアル化への抵抗感、コンピュータ導入による過度な「合理化」への違和感を説明してくれる。マニュアルとは、「誰でも読んでわかる」ものであり、コンピュータに肩代わりさせられるのは、プログラム化もしくはデータベース化、すなわち言語化可能な部分だけだからだ。仕事は、頭で理解するものではなく、「身につける」ものなのだ。ポランニーも言う。

暗黙的認識において、ある事物に近位項（A）の役割を与えるとき、私たちはそれを自らの身体に取り込む、もしくは自らの身体を延長してそれを包み込んでしまう。その結果として、私たちはその事物に内在する（dwell in）するようになる。（『暗黙知の次元』三八頁）

こうした認識は、実は修行の場ではおなじみのものである。

観察者は、行為者の動作を内面化することによって、その動作の中へ内在化するのだ。こうした探索的な内在化を繰り返しながら、弟子は師匠の技術の感触を我がものとし、その良きライバルとなるべく腕を磨いていくのである。(同書、五七頁)

ぼくは言葉の持つ力を軽視するものではない。そんなことをしたら、書物の価値自体を貶めてしまい、書店人のレゾンデートルをみずから否定することになる。言葉の力は強大であり、言葉の担うものは豊穣である。そのことを充分踏まえた上で、さらにそうした言葉でさえ担いきれない知があることをも認めること、そのことが重要なのである。「私たちは言葉にできるより多くのことを知ることができる。」(『暗黙知の次元』一八頁)

ではそうした「暗黙知」は、言葉ではなく何に媒介されて伝達され、共有されるのか。その時に重要になってくるのが、「場」である。「場」の重視こそ、ぼくが「暗黙知」の議論に魅力を感じる、もうひとつのことなのだ。

書店人の修行の場は、書店現場でしかない。部下や後輩にノウハウを伝えるには、書店現場での具体的な実践、棚づくりから接客に至るまで、具体的な作業を一つひとつ見せ、ある時には言語化し、ある時にはなぞることによって、それらの実践を成り立たせている「暗黙知」を「体得」してもらうしかない。「体得」のためには、「なぞる」すなわちその場において具体的に行動する必要がある。見ているだけでは駄目なのである。そうした試行が可能な「場」であることによって、書店現場は修行の場となる。

そうした「場」であることには、扱う商品とのズレが生じている。書物とは、あくまで言語化によって知を伝達する媒体だからだ。だが、そうしたズレこそが、書店という「場」の引力の源なのかもしれない。「暗黙知」と「形式知」が同時に不可欠な場であること、そして両者が同時に存在していること、そのことによって、書店という「場」は、そこに引き寄せられる顧客＝読者にとっても修行の場、すなわち「暗黙知」が伝達、共有されていく「場」となるのである。その時、顧客＝読者は、ただ「暗黙知」を伝達される受け身の存在であるのではない。知らず知らずのうちにみずからの「暗黙知」を提供する存在にもなっている。

書店という「場」が、書き手、作り手、売り手、買い手が集まる「広場」として、そこに集まったすべての人を巻き込んだ「創発的な場」であることを、ぼくらは目指したい。

（2004.11）

13

前回最後の言葉について。「書店という「場」」は、本という商品をめぐって立場・役割の異なった人たちを巻き込む「場」ということをもちろん意味しているのだが、同時に、同じ立場・役割の人たち、すなわちライヴァルが集う「場」でもありたい。例えば、「トークセッション」にお呼びした著者同士が繰りひろげる討論が相互に触発し合い、或いは訪れた編集者が他社の本を見ながら新たな創作意欲を抱く「場」でありたい。そしてそのためには、何よりもまず、書店という「場」が、売り手＝書店同士が互いに触発しあう「場」でなければならないのではないか、と思うのだ。

青田恵一氏も言う。

もはや、一店一社だけのノウハウで市場拡大できる時代では、すでにないのかもしれない。ストア・コンパリゾンが、有効なノウハウを広める機能を持つのであれば、意欲ある書店が相互にストア・コンパリゾンに挑みあい、得られるノウハウを吸収するのは、むしろ自然のこととも思えるのである。（『書店ルネッサンス』八四頁）

ライヴァル店を観察して、そのノウハウを吸収したり、逆に弱点を自店の棚構成に反映させたりすることは、昔から行われていたことだろう。「ストア・コンパリゾン（店舗比較・店舗観察）」そのものは、決して新しくはないかもしれない。むしろ重要なのは、「一店一社だけのノウハウで市場拡大できる時代では、すでにない」という部分であり、もっと言えば、そもそも書店という業態が「一店一社だけのノウハウで市場に応えることはできない」ことなのだ。

ならば、「ストア・コンパリゾン」の目的は、実は「競争」ではなく「協奏」だと言えないか。

青田氏はまた、「書店ルネッサンス」の決め手は、「人」だと強調する。

創意工夫が多い店には、自立する担当者が存在する。読者のために、みずから企画し、自らＰＯＰをつくり、販促をかける、このような担当者が増えてきた。店の内部では最も大きい要因といえよう。（三六頁）

前回とのつながりでいえば、「人」こそ、言語化できない「暗黙知」を胚胎する存在であり、その流通の媒体なのだ。だとすれば、「暗黙知」＝「ノウハウ」は、「人」と「人」の交流の中でのみ存在意義を持ち、進歩発展することができる。そして青田氏の言うように、「書店とは、ジャンルをテナントとした本のショッピング・センターだ。そのノウハウも、どちらかといえば、書店というより、各ジャンルに所属している」（『書店ルネッサンス』一七四頁）のであれば、その交流は、一書店内のそれよりも、他書店の同じジャンルの担当者とのものの方が、より実りあるものになるであろう。

さらに、「ノウハウ」の交換の意義は、ジャンル担当者同士の交流にのみあるのではない。マネジメントを仕事とする立場の「人」同士の交流も、或いはそれ以上に意義がある。万引きへの対処、返品・交換に応じる基準、消費税の計算方法、さまざまなクレームへの対処法など、率直な情報交換によってある種の共通認識を持っておいた方がよい日常的なアジェンダは、書店現場にも数多くある。ポイントカード、再販制など業界全体の制度的な懸案について、忌憚なき意見を述べ合うことも、有用かもしれない。

だから青田氏の次の言葉には、全面的に賛同する。

気の遇う書店人、もしくは店同士、チェーン同士で交流会を持つのも効果的。最近、様相が変わってきたものの、和戦両様というか、喧嘩しながら仲がいいのも昔からの業界特性だ。今後は書店チェーン間で、本格的な提携や合併・買収も視野に入ってくる。婚約・結婚の可能性があれば、このような形で「いい関係」を作るのもひとつの方法ではないか。(五四頁)

「婚約・結婚の可能性」というのも、昨今の書店業界の動きの中では意味深な言葉だが、ぼくは、「愛人」関係でもいいと思っている。

神田神保町で、東京駅前で、池袋で、新宿で、ライヴァル書店たちが「競争」しながら「協奏」する、そしてそうした書店が集積することで、より巨大な「書店空間」を形成して読者の期待に応える、そんなスケールの大きな「野望」を、ぼくたちは抱かねばならないのではないだろうか。

「戦うのは和解せんがためである。」(三木清)

14 (2004.12)

前回最後の主張は、そもそも書店という業態が「一店一社だけのノウハウで市場に応えることはできない」ことを根拠とする。決して単純に「共存の美徳」を追求するものではないし、ましてや馴れ合いや談合を推奨するものではない。むしろ重要なのは、個々の書店がそれぞれの現場に合わせて独自のノウハウを持ち、発展させていくこと、それぞれの個性を培っていくことなのだ。

そうしたあり様について、社会全体という大きな土俵でのモデル構築を目指すのが、國領《こくりょう》二郎氏の『オープン・ソリューション社会の構想』(日本経済新聞社)である。國領氏は、「コンピュータネットワークによって散在している人間の知を結集させ、そこに生み出されるエネルギーを使って、日本に新しい未来への展望を開く」(一三頁)ことを目標とする。その「ソリューション設計の根底にあるのは情報の流れの悪さゆえに、末端に散らばってしまって孤立している人的物的資源の活用」であり、「いつでも、どこでも、何にでもつながるオープンなネットワーク」が「ロスを大幅に削減することを可能にする」(二頁)と言う。

その構想を具体化する基盤は、インターネットである。それは、インターネット自体が分散型の仕組みになっていると同時に、世の中の分散的なシステムの成立を支えているからだ。國領氏のいう「オープン」は、「自律・分散・協調の思想」であり、そのための情報ネットワークは、集中処理型ではなく、分散処理型なのである。

そのことは、さまざまな問題を「民のイニシアチブで解決する」という志向とも整合性を持つ。われわれの業界に当てはめて言えば、個々の書店がそれぞれのビジネスの中で行う創意工夫が、もちろんまずその書店の利益につながりながら、間接的に他の書店のビジネスを助けたり、業界全体の問題解決に貢献するしくみ、ネットワークを構築しようということである。

このことは、実はすでに、意図せずして日常的には現実化している。例えば、顧客の問い合わせに自店のデータベースで応え切れなかったとき、他店のホームページを覗くのは、今や当たり前のことである。在庫状況の開示があれば、自然そのことも顧客に伝えるだろうし、顧客がその店に向かえばライヴァル書店を利することにもなるが、少なくとも、問い合わせについての解決はなされている。「信頼」という面から言えば、自店にとっても大いに利益となっている。

その「信頼」こそ、ビジネスにとって、これからますます重要になってくる要素なのだ。國領氏は言う。

希少性を軸としてモデルを考えるとすると、生産性が高まったモノやデジタル化された情報が溢れている世の中では、何が稀少となるか、と考えるのが収益モデルを考える上での鍵となる。その答は人の心の充足（信頼、安心、尊敬）にある、と考えてみてはどうだろうか？ ……

別の表現をすると、ブランド価値が高まる世界と言ってもいい。(三一頁)

われわれがインターネットを利用するのは、他書店のホームページだけではない。出版社のホームページは、電話で聞けない土日・祝日には特に重宝する(そのためにも、既刊書のデータベースだけでなく、重版、近刊情報なども、ぜひ充実していただきたい)。特定の書目ではなく事項についての問い合わせ、つまりレファレンス・サービスに近い対応が必要な時には、検索サイトに直接その事項を打ち込んで、しかるべき書目を発見したり、有用な情報に出会えたりする。元々誰がいつ何のために創り出した情報なのかは、まったく関係ない。そのことこそ、「末端に散らばってしまって孤立している人的物的資源の活用」によって「いつでも、どこでも、何にでもつながるオープンなネットワーク」が「ロスを大幅に削減する」、國領氏の目指す「オープン・ソリューション社会」の属性と言える。

思えば、今年われわれの業界は、その正反対の過ちを犯した。内外から批判、揶揄された『ハリー・ポッター』騒ぎと例外なき失敗は、それぞれの書店がみずからのうちに閉じこもり、みずからの利益のみを追求し、実はあらかじめ存在していた懸念や不安に目をつぶり、「暴走」していった結果だったとは言えまいか。いわば、時代に逆行する「クローズド」な体質が、必然的にもたらした結果だったとも思える。この失敗を糧とし、われわれの業界も、國領氏とともに「オープン・ソリューション社会」を目指したい。すでに日常的な現場は自然とその方向に動いており、また、考えてみれば、そもそもわれわれが扱う書物こそ、「オープン・ソリューション」の名に相応しい商品であるのだから。

15（2005.1）

〝そもそもわれわれが扱う書物こそ、「オープン・ソリューション」の名に相応しい商品〟とは、どういうことか。それは、インターネット書店のみならずリアル書店もまた書物の販売に際して情報ネットワークの恩恵に大いに浴している一方で、逆に書物（あるいは書物の販売）が、その情報ネットワークのアポリアを解決する手段でもあるということだ。

國領氏は、「ソリューション提供の担い手としては、ビジネスを中心に考えたい。……私的な価値生産活動が社会全体に貢献するメカニズムを構築することで、各個人の創意工夫が生きることになると考えるからである」（『オープン・ソリューション社会の構想』五三頁）と言う。だとすれば、あらゆる「ソリューション」の核となる「情報」も、「ビジネス」の対象である、すなわち対価を取れる「商品」であるべきだろう。

物的な生活が市場経済化している中で、ソフトウエアプログラマや、芸術家や、文筆家や研究者たちが創造活動に全精力をつぎ込めるようにするためには、知的創造を貨幣的な報酬に結びつけるモデルが必要だ。（一四七頁）

ところが、「情報そのものは価格メカニズムになじまない性格を持っている」。それは「情報」が、「① 追加一単位生産して配布するコストが限りなくゼロに近づきつつある ② 他者に伝達しても自分の手元にも残る ③ 共有して他者の持つ別の情報と組み合わせることで価値が高まる ④ 同じ情報をより多くの人間が持つことで価値が高まるなど物財にはない特性がある」からである（二九頁）。インターネット上では、更に「情報」は収益を上げにくく、その理由として「① 情報の複製費用が極めて低い ② 課金コストの高さ ③ 情報の所有権の複雑さ」が挙げられる（一四九頁）。

ではどうするのか？

一つの解決策が、「情報」を何とかして「物財」とすることである。

「情報価値がモノである商品に転写、凝縮していく」ものとして例えば自動車を例示した後、國領氏は言う。

同じメカニズムがより直截な形で現れるのが、印刷された書籍や、プラスチック盤（ＬＰ盤など）に記録された音楽などである。これらは実際に提供している価値は情報であるが、貨幣と交換されているのは情報を運ぶ媒体としての紙やプラスチック盤である。情報によって付加価値（希少性）が高められた媒体がより高い価格で貨幣と交換されるという相互補完関係の中で、このモデルが成立しているといえる。（一五六頁）

つまり、情報化社会以前から、情報を商品とするための方法として、書物はあったのである。だが、いつまでもその座に胡坐《あぐら》をかいているわけにはいかない。インターネットは、書物という「物財」による情報の流通の独占を、もはや許さないからだ。そこで最後の砦となるのは、情報の質＝「ブランド」である。

情報財について分析を進めると、それ（供給が限られている）だけが希少性の源泉ではないことに気づく。その代表が顧客側の「認知限界」、すなわち人間が情報を受けとめて処理する能力の限界である。

情報化が進めば進むほど問題となってくるのが、情報洪水である。これを本書の論理に合わせて表現すると、情報量が増えれば増えるほど、人間の認知能力が稀少な資源となってくる。収益モデルを構築する上で機械がボトルネックであった時代から、人間がボトルネックとなる時代への転換期を迎えていると表現していいだろう。（一六三頁）

すなわち、インターネットによる情報の氾濫が混沌を産み出している今こそ、書物の存在理由があるともいえる。そしてそれを支えるのは、読者の書物に対する信頼である。

しかし、最初の引用にもあるように、情報は「物財」とは対極の属性を持つ。だから、書物は純粋な「物財」とは言えない。人は、書物を購入したあと、それを「物財」として消費するのではなく、それに担われた情報を享受するのである。だからこそ、図書館や古書業界が成立するのだ。そのことは、複製の容易さと相俟って、書物が「物財」として希少性を対価の源泉とはなしえない所以である。

だから、原理的には、「知的創造を貨幣的な報酬に結びつける」には、國領氏が挙げるもうひとつのモデルの方が有効だと言える。

芸術の歴史を考えると、書籍やレコードの販売を行って収入を得るモデルよりも、パトロンなどによって支えられてきた時間の方が長いと言っていいだろう。パトロンがどんな動機で支援を行うかを表現するのは難しいが、名誉や自己満足といった心理的な要因が多いものと考えられる。動機はともかく、財の私的な占有を目指さず、共有される財の形成に対して貨幣を提供しようという行動は昔もいまも存在する。（一六六頁）

書物という商品は、やはりパトロニズムの対象なのだ。

16（2005.3）

スティーブン・ジョンソン著『創発』（ソフトバンク・パブリッシング）を読んだ。訳者山形浩生のシニカルな訳注も含めて、とても面白く、刺激的な本だった。

なによりも「創発」(emergence) という概念が、魅力的で示唆的だ。

たとえば、脳を持たない粘菌が、食料までの一番効率のいい経路を発見するプロセス。他のアリが発したフェロモンに反応するだけのアリが、結果的に秩序だった巣を形成するプロセス。中央都市計画委員会ではなく、ほとんど知らないもの同士が公共的な生活の中で自分の仕事をしているときの低次の行動の（あるいは街路での偶然の出会いの）積み重ねでつくられる都市の構造。意識を持たない個別ニューロンが、何十億という集合体となると自己意識をつくり出す、人間の脳。一九九〇年台初期にウィル・ライトが発表した、テレビゲーム史上ベストセラーのひとつである「シムシティ」。

そうした、個々の要素がまったく意図せずに、同時にどこかに全体を統制するペースメーカーが存在するわけでもなく、結果的に高次のシステムが形成される純粋にボトムアップなプロセス、それが「創発」なのだ。

われわれは自然に、カビの話だろうと政治システムの話だろうと自分の体の話だろうと、ペースメーカーの考え方を使ってしまいがちだ。われわれの行動は、ほとんどの場合は脳のペースメーカー細胞に統括されているようだし、何千年にもわたり、われわれは社会組織に入念なペースメーカー細胞を作り上げてきた。それは王様や独裁者、市会議員といった形で実現されている。われわれの回りの世界のほとんどは、命令系統や上意下達方式で説明される。(一一頁)

しかし、現実には、粘菌やアリの行動にも、都市の発達にも、脳にも、ペースメーカーはいない。そして二〇世紀の壮大な「実験」が明らかにしているように、中央集権的な統制経済は、個々の欲望に委ねた資本主義経済を超えることができなかった。

「統制ではなく創発を」、それこそSA化後の書店現場にも重要な発想だと思う。コンピュータ・システムの導入によって統制が可能になる、統制が有意義になるという臆見が広がった。機械化によって人材は不要になる、少なくとも中央本部に集結すれば事足りるという誤解が、SA化には付随した。だがSA化してもなお、いやむしろSA化したからこそ、現場が大事になる、現場に人材を投入する必要があるのだ。書店現場は個々の売買によって情報そのものが発生する場であり、その場に介在する人材こそ、情報の集積を原資としてボトムアップ式に創発を生み出していくプロセスで、極めて大切な要素だからだ。

ただし、その人材は、創発によって形成されるシステムを予知している必要はない。予知しているとすれば、そのシステムはその人材による統制であり、創発ではない。アリが巣の設計図を持たないように、街路を行き交う人々が都市計画には無頓着なように、個々のニューロンには意識などないように、結果的に創発を生み出す個々の要素は、創発の結果については予見できないし、無頓着なのだ。

書店現場において、そのことは個々の書店員の愚直さとして現れる。売れた商品の適切な補充注文をする。入ってきた補充品を速やかに棚に並べる。新刊の売れ行きを注視する。SA化以前から普通に行われていた書店員の仕事をいかに地道にこなすか、SA化以後の創発の可能性は、むしろそうした——アリがひたすらフェロモンを追いかける様にも似た——書店員の愚直さにこそ担保されるのだ。

コロニーの知性は実はその構成部分のバカさ加減に依存している。アリが、例えばゴミ捨て業務についていているアリの数について意識的な判断をいきなり始めたら、グループ全体にとっては惨憺たる結果になる。（二〇一頁）

「バカさ加減に依存している」という表現は、穏やかでないかもしれない。結局、SA化によって能力や意欲のある書店員は不要、もっとありていに言えば、給料の高い社員は不必要で、アルバイトだけで書店業務は回る、という議論に与するものではないか、と追及されるかもしれない。「SA化したからこそ、現場が大事になる、現場に人材を投入する必要がある」という主張と、全然整合性がないではないか、と。

それに対しては、まず、「バカさ加減」が重要なのであって、「まったくのバカ」では創発は起こらない、と言っておこう。

「自由意志」をオフにすれば、シムピープルはすぐに、常時メンテナンスが必要な悪夢へと崩壊し、幼稚園やアルツハイマー患者の病院のような、絶え間ない世話焼きが必要となる。自由意志がなければ、シムたちは単にじっとしているだけで、あなたの指示を待ち続ける。（二〇六頁）

そして、ジョンソンも繰り返し述べているように、創発については「スケール」の問題を抜きには語れない。何年にも及ぶアリの本能行動によってつくりだされるコロニーの特色、何百年をかけて形成される都市、膨大な数のニューロンの集積ではじめて生じる「意識」、それら「創発」が出現するスケールは、個々の生存のスケールをはるかに超えている。

それを書店現場にあてはめていえば、長い時間をかけて形成されるそれぞれの書店の個性は、個々の書店員のプランでつくられるわけではない、ということだ。書店員の思い入れだけで書店の個性が成立すると考えるのは、驕《おご》りである。ぼくたちにできるのは、みずからの思いを愚直に仕事に反映させることだけだ。都市が街路における偶然の出会いの集積で成長していくように、自分たちの思いと店を訪れる読者の志向がうまく合致することを願いながら、もしもそれが叶わなかったならばその事実を仕事にフィードバックさせながら、一歩一歩前進するしかないのだ。一人ひとりの一歩一歩が、やがて集積して知らず知らずのうちに読者から支持される書店が「創発」される。そのことを信じて、いや、いや、いや、むしろ信じずに毎日の仕事に一所懸命打ち込むこと、そのことが大事なのだ。

17（2005. 4）

「アメリカ大都市の死と生」のすばらしさは、ジェイコブズが——科学がそれを表現するための用語を開発する以前に——そうした相互作用が都市に、創発システムを作り出せるようにするのだ、ということを理解したことにある。彼女は人々を「街路から追い出す」ような都市計画に情熱的に反対した。というのも彼女は、うまく機能する都市の活力と秩序はどちらもそうした街路に暮らす、ゆるい即興的な個人の組み合わせからくる、ということを認識していたからだ。ジェイコブズの理解では、都市は中央都市計画委員会で作られるものではなく、ほとんど知らないもの同士が公共的な生活の中で自分の仕事をしているときの低次の行動で作られるのだった。（『創発』九五頁）

実は、ジェイコブズにとって、歩道の物理的な存在はどうでもいいのだ。大事なのは、それが都市住民同士の情報伝達の主要な経路になっているということだ。ご近所同士がお互いから学ぶのは、お互いに歩道で行き交うからだ。（九七頁）

ぼくが「創発」に魅せられたのは、都市についてのこうした見方と共振したからだ。書店は人びとが自由に行き交う「公道」であるべきだ、というぼくの書店観と重なる。ただし、一部例外的な状況を除いて、書店を行き交う読者同士で情報交換がなされることはない。それよりも、書店現場において日常的に行き交うのは、書物と読者である。それは、書き手と読み手の「出会い」である。ぼくが『論座』四月号に、「意識を持たない個別ニューロンが、何十億と集合するとなぜか自己意識を生み出す。脳で起こるそうした「創発」に似て、読者、書物、書き手の、個々のランダムな出会いが、有効な言論の状況を生み出す、そんな出会いの場で、書店はありたいと思う」と書いた所以である。

その「出会い」を一方で準備しながら、一方で情報化することが、書店員の仕事である。そうした「出会い」の一つひとつに愚直に対応することの集積によって魅力ある書店空間が生まれていく、それをぼくは書店の「創発」と呼びたいのだ。「愚直に対応する」には、スキルが必要であり、それ以上に感性が必要とされる。そのことを前回、「その場に介在する人材こそ、情報の集積を原資としてボトムアップ式に創発を生み出していくプロセスで、極めて大切な要素」と書いたのである。

都市は、デジタルコンピュータなんて誰一人として夢にも思わない何千年も昔の時期から、ユーザーフレンドリーなインターフェースを作り出していた。都市は頭脳を集めてそれを一貫性あるスロットにおさめる。靴職人はほかの靴職人のまわりに集まり、ボタン製造者はほかのボタン製造者の近くに集まる。こうしたかたまりの中で、アイデアや財はなめらかに流れ、生産的な異種交配が行われるため、よいアイデアが地方部で孤立して途絶えないようにする。(一一二頁)

東京でいうならば、神田神保町に、渋谷に、池袋に、そして新宿に書店が集まってくる状況を、だからぼくは是とする。ただし、是とするためには、「アイデアや財はなめらかに流れ」なければならないだろうとも思う。それゆえに、書店間の交流、情報交換の必要性を述べ立てるのだ。

ジョンソンは、「創発」を生み出すポテンシャルとして、「ご近所に注意を払え」(七八頁)という。そのひとつのありようとして、遺伝子を共有しながら分業的なはたらきをする細胞を例に取る。

細胞はＤＮＡの命令にしたがう以上のことをする。細胞は隣近所から学ぶのだ。そしてその局所的な相互作用なしには、遺伝子コードのマスタープランはまるで役に立たなくなる。（八五頁）

一種の微視的な群集心理とでも言おうか。細胞はご近所を見渡して、それがみんな、鼓膜作りや心臓の弁作りに精を出しているのを見たら、その細胞も同じ仕事に乗り出すことになる。（八七頁）

書店員にとって「ご近所」は二種類ある。ひとつは、社内の仲間である。同じ店の中の他ジャンルの書店員、チェーン店であれば他支店のスタッフ、そうした「ご近所」を参照して仕事をする時、それはその書店の特色を「創発」することになるだろう。

一方、参照が他支店のスタッフに及ぶならば、例えば同地域の他社にまで及ぶこともあり得るだろう。その時には、そうした参照は、地域の書店群の特色を「創発」する。神田神保町が、その好例である。

青田恵一氏が言うとおり、「書店とは、ジャンルをテナントとした本のショッピング・センターだ。そのノウハウも、どちらかといえば、書店というより、各ジャンルに所属している。したがって、ノウハウ力を維持・拡充するためには、ジャンル単位でのマニュアルが必須となる」（『書店ルネッサンス』一七四頁）のだから、ジャンル単位での交流は、地域の枠をも越境するだろう。そうした重層的な参照、交流のありようを、ぼくは心底から肯定、推進したいと思う。

18（2005.5）

先月、ジュンク堂書店池袋本店のトークセッションの講師をつとめてくださった山本真司さんの言葉は、ぼくたち書店人に大きな勇気を与えてくれるものだった。

山本さんは、東京銀行時代にシカゴ大学経営大学院でＭＢＡ取得、ボストン・コンサルティング・グループを経て、一九九七年Ａ・Ｔ・カーニー入社。一五年に及び日本企業に変革支援のコンサルティングをほどこしてきた。著書に『会社を変える戦略』（講談社現代新書）、『儲かる銀行をつくる』（東洋経済新報社）、『四〇歳からの仕事術』（新潮新書）、『三〇歳からの成長戦略「本当の仕事術」を学ぼう』（ＰＨＰ研究所）等がある。有限会社山本真司事務所を二〇〇五年四月に立ち上げている。

そんな経歴を持つ山本さんが、最後に聴衆に向かって、こう言った。

「次に何をしようかを考えるとき、私は必ず書店に行きます。書店に並んでいる本の中に、必ず自分が進む道を選ぶヒントを与えてくれるものがあります。」

書店でのトークセッションだった、ということを割り引く必要はあるかもしれない。トークの場を提供し、そもそも著書を販売している書店に対する表敬の意味もあったろう。だが、山本さんの言葉に嘘はない、とぼくは確信した。ぼくと山本さんは、生まれ年は一年違うが同じ学年であり、同世代であるがゆえの感性の共振を直感したのだ。

書店人としてのぼくの理想の書棚は、山本さんの言葉そのものだった。ジュンク堂に入社して六年後、人文書担当者として京都店に赴任したときに目指したのが、たとえば哲学科の新入生が教官に「何を勉強したらいいか、迷っていて」と相談したときに、教官に「じゃあ、ジュンク堂の京都店に行ってみたまえ。そこに並んでいる本の中に、何か君の興味をそそるものがあるに違いないから」と言ってもらえる店づくりだった。

今いる日本最大規模の池袋本店ももちろんそうだが、その五分の一の面積の京都店も、専門書の充実を目指した店だ。そんな環境が、そうした店づくりを目指すことと整合性があったことは間違いないが、一方で売り場面積の大きさだけが必要条件ではないという思いも、最近強くなってきた。

資料購入予算が極めて限られている図書館分室の新着コーナーのほんの数冊の中に、決定的な出会いがあったりする。二度にわたってこのコラムで紹介した紺野登著『創造経営の戦略』もそんな本だった。大規模書店の膨大な在庫量の中では、たとえそこに毎日働いていても、出会えていなかったかもしれない、と思う。

今回は、「クロネコヤマトの宅急便」の生みの親であり、ヤマト福祉財団理事長を務める小倉昌男氏の『福祉を変える経営』（日経ＢＰ社）に出会った。二年前に出たこの本については、店の新刊コーナーに並べた記憶があり、ちょっと気になるタイトルだったが、先日たまたま分室の新着図書のコーナーに並んでいるのに遭遇するまで、そのことも忘れていた。

> 月給一万円以下で働かせていたら、障害者を飯の種にしていると言われてもしようがないのです。その問題を放っておいたら、いいことをやっているのではなく、悪いことをやっていることになりますよ！（六六頁）

障害者福祉について真剣だからこそ、小倉氏はそう言い切る。経済とは経世済民だ、という強い信念がそこにある。

月給一万円とは、実際に障害者の共同作業所の平均賃金だという。それでは職場ではなくデイケアの場だと小倉氏は指摘し、月給一〇万円の実現をめざす。それが、ベーカリー、カフェ、木炭づくりなどの業態での小倉氏の実践なのだ。

障害者が趣味を楽しめるようなノーマライゼーションの基本、それはやはり彼らがちゃんと働いてちゃんと稼ぐことです。……多少体調が悪かったり、気分が乗らなくても時には我慢して働く。我慢して働くということを教えなければだめだと思う。それが結局は働く喜びにつながります。(八五頁)

福祉経済というものは存在しません。日本にあるのは資本主義─市場経済だけです。売り手と買い手があって商売をする。これが基本です。

障害者の施設がつくったクッキーには、「これは障害者が焼いたものです」と入っています。けれども、モノを売るときにそんな言葉は意味がありません。(一〇〇頁)

いくらモノをつくろうと、売れなければ市場経済においては「意味がない」のです。つくればつくるほど損をするだけです。不良在庫がたまって倉庫代がかさむ一方ですし、そもそも製造コストがすべて無駄になる。だから、つくることと売ることと、どちらが大切なのかというと、市場経済においては「売ること」のほうなのです。(一一六頁)

そして、小倉氏は「福祉関係の方々の仕事を見て感じるのは、つくることには一生懸命だけれども、売ることをちっとも考えていない」（一四三頁）と手厳しい。

昨今随分変わってきたとはいえ、この言葉の「福祉」を「出版」と言い換えてもまだまだ妥当するだろう。

「経営者は常に買い手の論理でものを考える必要がある」（一三三頁）、「「製品」は必ず「商品」にして売らなければ、ビジネスにならない」（一四三頁）と言い切り、福祉の場にも、いや福祉の場にこそ経営のセンスを、と訴える本書に大いに共感したのは、そのせいかもしれない。

19 （2005. 10）

ジュンク堂池袋本店の二〇〇五年上半期のベストセラーを調べてみると、第一位は、『これだけは知っておきたい個人情報保護』（岡村久道・鈴木正朝著、日本経済新聞社、税込五二五円）である。二〇〇三年五月に可決された「個人情報の保護に関する法律」（個人情報保護法）が今年四月に全面施行されたからだ。

企業関係のまとめ買いも多く、例えば文芸書のベストセラーと比較することが妥当かどうかはともかく、時代状況を如実に反映していることは確かだ。われわれ書店人も、「関連商品がよく売れてよかった」と浮かれている場合ではなく、客注、定期購読、配送などで多くの個人情報を得ていることを自覚し、新しい法律に適応していかなければならない。実際、各書店、それぞれにマニュアルを作成し、対応されていることと思う。

その時に一番重要なのは、その法律の趣旨が何なのか、ということである。「個人情報の保護に関する法律」第一条（目的）は、次のとおりである。

この法律は、高度情報通信社会の進展に伴い個人情報の利用が著しく拡大していることをかんがみ、個人情報の適正な取扱いに関し、基本理念及び政府による基本方針の作成その他の個人情報の保護に関する施策の基本となる事項を定め、（中略）個人情報の有用性に配慮しつつ、個人の権利利益を保護することを目的とする。

のっけからこの法律は、「高度情報通信社会の進展に伴い個人情報の利用が著しく拡大している」事実を前提とし、「個人情報の有用性に配慮し」ているのだ。個人情報を入手し、個人データを作成してそれを活用することが禁止されているわけではまったくない。そもそもこの法律は、役所や企業から漏洩した膨大な個人データが、本来の使用目的とは違う目的で、元のデータ所有者とは違う主体によって使用されたことから要請されたものなのだ。喩《たと》えていえば、道路交通法が自動車の運転の際の取り決めや制限を課すもので、自動車の取得や運転を禁止するものではないのと同様、個人情報保護法も、個人情報の取得や個人データの作成、それらの利用を禁じるのではなく、その利用方法にルールを設けるものなのだ。そのルールとは、ひとことで言えば、個人情報、個人データの活用の際に、「当該個人情報が帰せられる主体」の同意が常に必要とされるということである。

ぼくには、われらが書店・出版業界は、この法律を恐れるよりも、われわれの業界の実態はこの法律の適用がそもそも不要であることを恥じるべきではないかと思われる。客注、定期をはじめ、日々の販売実績には、顧客のさまざまな情報——具体的な生活スタイルから内面的な部分までを保有、活用する余地が大いにある。しかしこれまで、そうした活用の試みさえ、有効になされたことはなかったのではないか。少なくとも業界の中に、それを有意な形でシステム化しようという努力はなかったように思う。「マーケティングの感覚がない」と揶揄される所以である。

『個人情報保護法の知識』（日経文庫）の中で、著者岡村久道氏はこう書いている。

詳細な顧客情報を大量に収集・蓄積していること、そしてそれを利用しやすいようにデータベース化していることは事業者の「情報資産」として、これまで高く評価されてきました。ところが、個人情報保護法によって以上のような思い義務を負わされることになり、今では「負の遺産」と揶揄されることすらあります。（五八頁）

そんな「負の遺産」を、やればできたはずのぼくたちはさぼって作ってこなかったというべきではないか。「だからこそ「個人情報保護法」など恐くはないのだ」と嘯《うそぶ》くことを、ぼくらはむしろ恥としなければならないのではないか。

ぼくは、最初、神戸のサンパル店というとてもひまな店にいて、客注や定期カードから、せっせと個人情報を集めていた。専門書を中心に扱っていたこともあって、コツコツ拾い集めた顧客リストは、結構有効だった。顧客の嗜好に合わせて、新企画のパンフレットや図書目録を送付した。そのことで、顧客との関係を深めていった。京都時代も初めの頃はその作業を続けていた。そのうちに忙しさに紛れて（この言い訳こそが、ぼく自身もっとも恥じるべきことである）、中断してしまった。

そのリストに注目してくれた出版社の営業マンもいた。自社の企画のDMを出したいからリストをくれ、と言う。ぼくは断った。ありがたい申し出だったが、ぼくが作成したリストである以上、ジュンク堂書店福嶋の名前で送らないと筋が通らない。相手は、知りもしない出版社からのDMが何故送られてきたのか、不信感を持つだろう。それは嫌だ、と言った。その企画については、DM数に応じた切手を出版社に送ってもらい、ジュンク堂の封筒で送付した。

その感覚が「個人情報保護」なのではないか、と思う。不当な利益はもちろんのこと、そうしたものが一切なくても自分が取得した「個人情報」を、その主体の了解なしにみだりに他者に譲り渡さないこと、それが肝要なのだ。そんな情報そもそも持ってないから、個人情報保護法なんて恐くない、ラッキー、ではいけないのである。そうした情報を持ち、かつ活用し、それを相手に不快に思わせない状況づくり、それが商売なのではないだろうか。

『ドキュメンタリーは嘘をつく』（草思社）で、森達也は、モザイクを使わないことを了承してもらえるような関係性を被写体との間につくりあげることこそ、ドキュメンタリー製作において最も重要な仕事だと語る。売り手と顧客の関係も、同じだと思う。

V

書店・読者・出版

1 (2001. 12)

一一月六日、ジュンク堂池袋本店は、哲学者の西研さんをお招きして、トークセッションを開催した。西さんには、今年上梓された『哲学的思考』（筑摩書房）に沿って、現代において哲学することの可能性と意味を、語っていただいた。御著書において展開されたフッサール現象学の意義を中心としたそのお話は、そのわかりやすい語り口と相俟って、実に興味深いものであった。二〇人余の聴衆は、多くが「哲学的思考」を読み、あるいは以前から西さんの仕事に親しんでおられたようで、会場である四階喫茶室は、小さいながらもひとつの共同体をなしていた。

ぼくは、遅れてくる参加者もあるので、西さんの語りが始まってからも、ずっと受付にたたずんで聴いていた。書店員というのは、もともと立ち仕事だから、立ち続けていることはまったく苦にならない。現象学の可能性や西さんの仕事には興味があったから、聴く態勢に若干の違いがあったにせよ、ぼくもその共同体の中にあったといっていい。

しばらくして、ひとりの中年男性が、なんとなく気になりげに会場の中を覗き、西さんの話を聞いている姿が目に留まった。会場に席は空いていたので、参加をお勧めしようかと思ったら、いなくなる。少し後に、また現れて聞き入っている、という具合で、受付係員として、どうしたらよいか戸惑っていた。

そのうち、一通りの西さんの話が終わり、質疑応答の時間になった。共同体の中からも、執拗な質問が出た。三つめか、四つめの質問への回答が終わった時、件の男性が、会場の外から半ば身を乗り出すような姿勢で手を挙げた。

ぼくは、迷った。その男性は、参加費を払って話を聞いていたわけではない。書店の店頭に隣接した喫茶室でのイベントである以上、公式の参加者以外の来店者に声が漏れ伝わることは、回避できない。いわば、立ち聞きを咎《とが》めることは、そもそもできない。かと言って、参加費を払って下さっている方と、そうでない方とを区別する必要もある。前者が後者を差し置いて後援者に質問を投げかけるなど、許していいものだろうか？　だが、かすかに芽生え始めた漠然とした期待を持って、ぼくは「諾」と判断した。

「神学が論理的になって哲学となり、それが更に論理的となって自然科学となり、現在では情報科学に至っている、のだと思うが、現在の情報科学のあり方について、西さんはどう考えておられるのか？」

そもそも、質問の前提となっている学問観が違う。学問の推移は、男性が述べたような直線的なものではない。男性が「論理的」という言葉をどんな意味で使っているかは不明だが、少なくとも数理論理的な意味合いだとしたら、西さんがさっきまで話していた現象学的な探求の姿勢とは、おそらく相容れない前提に立っている。まったく違う言語を使って会話を試みるようなものだ。初学者にもわかりよく哲学を語ることにおいては定評のある西さんも、応答には四苦八苦されていた。

ぼくは、横で見ていて、悪いことをしたかな、とちらりと思った。そもそも参加者以外の質問を受け付けたことが、西さんの苦闘の原因であった。ある種の共同体をなしていた会場内からの質問なら、こうも考え方の背景（現象学的にいうならば、地平、世界観）が異なったものは出てこないだろう。議論も、ある種共通した土俵の上で、繰り広げることができる。

しかし、苦労して説明する西さんにいささか意地悪かなとも思える気持ちを抱きながら、ぼくは、いやかえってよかったのだ、と思い直した。およそ哲学を語るものは、決して仮設された共同体の域内で守られていてはならない。それは、その哲学を窒息死へと至らしめるとさえ言っていい。そのことは、これまでの啓蒙的な仕事を思い起こしても、西さん自身の問題意識の中心にあるとも思えるからだ。男性の、まさに「自然的態度」に「現象学的還元」を施そうと苦闘する西さんには、いきなりの状況への大いなるとまどいと共に、決然とした意志をも感じることができたのである。数分のやり取りでそのような企図が成功したとは言えないが、西さんは、もちろん、会場外からの質問を許したぼくに、非難の視線を浴びせるようなことはしなかった。

こうした状況は、哲学の世界に限った話ではない。すべての学問、すべての言説にとって、共通意識（コモンセンス）を持った構成員からのみ成立する共同体内で自足することは、みずからの存在意義を否定することになる。ならばそれらの媒体である書籍、そしてそれを販売する書店という場こそ、共同体の内外を架橋すべき存在でなくてはならない。トークセッション会場の入り口付近で聞き耳を立てていた件の男性こそ、最も象徴的な「読者」と言えるのである。

2　(2002. 7)

『劇場としての書店』で、ぼくは読者こそ「書店という劇場」における「主役」である、と述べた。それは、「性格上」そうであり、また「行為者」としてそうだ、と。「行為者」としてということについては、次のように説明した。

ハムレットが、叔父や母親への疑いを胸に取るさまざまな行為を通して舞台空間のさまをどんどん変えていくように、客もまた「本を買う」という行為を通して、書店の風景に手を加えている。それは、その時一冊の本を書棚から抜き取るという結果にとどまらず、棚差しが面出し、平積みになったり、その期間に影響を与えたり、また、本の並びに工夫が加えられたりということを誘発することもある。例えば、同じ著者の本をあちこちから集めてまとめて買ったところを認識した書店員は、その著者の本をまとめて並べたり、もっと揃えておこうと仕入れたりするだろう。(一九頁)

もっと直截な「誘発」に最近出会ったので、報告しておきたい。

ぼくが、ジュンク堂池袋本店の六階(医学書、コンピュータ書売場)を歩いていたとき、若い女性から声をかけられた。

「あの、ちょっとご相談があるのですが……」

ちょっとヤバイかな、と思った。こういう切り出し方には、そんなに激しくはないが結構根の深いクレームが続くことが多いのだ。

「はい、何でございましょうか？」ある程度覚悟を決めて、にこやかに問い返した。

すると彼女は、医学書売場の新刊コーナーの一冊の本を指差し、次のように言った。

「私は医者でも医学生でもない素人ですが、この本を読んで、とても感動したのです。他にもきっと読んだら感動する人たちがいると思います。でも、一般の人が普通はこのフロアに来てこの本に巡り会えるとは思えません。是非、一階の新刊コーナーに置いてください。」

それは、主婦の友社の『研修医純情物語』（川渕圭一著）という本だった。

「わかりました、ありがとうございます。ただ、今ここには三冊しかなく、下に降ろすには少ないので、すぐに追加発注します。」

ぼくは、その本のスリップを切り、番線印をおして注文箱にいれた。

それから数日後、一階集中レジカウンターでその本の問い合わせを受けたアルバイトが、ぼくに縋《すが》ってきた。

「データ上は一〇冊あるはずなのですが、六階の人に聞いてみても、今ないと言っているのです。」

「なら、しょうがないから、客注で聞いといて」とぼくは言った。

しかし、すぐに、数日前自分が注文書をまわしたことを思い出して、地下二階の仕入れに走った。案の定、ぼくの注文した一〇冊が入荷したところだった。すぐに商品をもって上がり、お客様にお渡しすることができた。

残りの商品は一階、六階にわけて置いたが、二日後にはどちらからも売り切れていた。すぐに追加発注をした。

あの時、六階でたまたま件の若い女性から「相談」を受けなければ、こうした展開にはならなかっただろう。お客様から「聴く」ということの大事さを改めて思い知った。そして、お客様こそ「書店という劇場」の「主役」であることを、再確認した。

3 (2003. 11)

一一月一一日竹内敏晴氏、一二日石井政之氏と、ぼくが担当するトーセッションが二夜連続であった。両日とも手話通訳の方に来ていただいた。もちろん、聴覚障害者のお客様の参加があったからだ。

経緯はこうである。一〇月二六日の夜、トークセッションの受付を担当しているサービスコーナーから内線があり、「一一日と一二日のトーク、手話通訳を付けていただけるなら参加したいという客様がお見えなのですが…」と告げられた。最初虚をつかれたぼくは程なくハッと思い当たり、すぐにサービスコーナーに向かった。予想通り、そのお客様は、その日のトークセッションに参加されていた、聴覚障害を持つTさんだった。

その日のトークは、講談社ノンフィクション賞を取った『こんな夜更けにバナナかよ』(渡辺一史著、北海道新聞社)をめぐってのものだった。開演前に会場である四階喫茶にいたぼくは、Tさんの存在に気づき、担当者から講師の手配で手話通訳の方も来られていることを聞いた。その時のぼくは、「なるほど、テーマがテーマだけにそういうこともあるのだな」という程度の認識だった。サービスコーナーからの内線にハッとしたのはそのためである。その日の状況が、約二週間後に自分が企画しているトークセッションにも生じうるということを想像もしていなかった不明を恥じたのである。

竹内氏はほぼ成人するまで難聴者として苦しみ、言葉を自由に操れるようになったのは四〇歳を過ぎてから、という演出家である。九七年に『顔面漂流記』(かもがわ出版)で「顔にアザのあるジャーナリスト」としてデビューした石井氏の今回のテーマとなった本は『肉体不平等』(平凡社新書)だ。聴覚障害を持つTさんが何としても「聞き」たい、と思うのは当然であった。手話の出来ないぼくは、Tさんと筆談で「会話」しながら、何とか努力してご参加いただけるようにしたい、と約束した。

さっそく、翌日からいくつかの方面に助力を依頼し、竹内さんの伝手で紹介された通訳者の方に両日ともお願いすることができた。Tさんへの連絡はEメールで行い、もちろんTさんは両日とも参加下さった。終了後「参加できてとても有意義だった」という内容の感謝のメールを下さり、「これからも参加したい企画があれば、無理をお願いしたい」と書かれていた。ぼくは「できるかぎり努力するので、遠慮なく申し出て下さい」と返信した。

図書館をめぐって『ず・ぼん』と関わりができたことは本書II―5に書いたとおりだ。その発行元であるポット出版から、『たったひとりのクレオール』という本を献呈していただき、たま たま読んでいたのも不思議な縁だった。この本は、長年聴覚障害児・難聴児の教育に携わり、また思索を深めてきた上農正剛氏が論文や講演をまとめたものであり、そうした世界に余り縁のないぼくにも、極めて刺激的で示唆的な本であった。

周囲の無理解や、皮肉にももっとも近しい人たちである親や医師、教師たちのいわば「善意」（実はエゴイズム）によって、聴覚障害児・者がいかに不利益を蒙ってきたかが、切々と語られる。教育実践者であると同時に哲学研究者である上農氏は、具体的な事例を掲げながらも声高な告発をするわけではなく、ことの本質を冷静に見極めようとする。もちろん、それは何よりも聴覚障害児・者への寄与を目指してのことである。

たくさんの人に掛け値なしに薦めたい新鮮な刺激に満ちたこの本の中で、書店人であるぼくにとって特に重要に思われたのは、聴覚障害者にとって「聴覚口語法」「書記日本語」「手話」がまったく別個の言語であり、（ぼくらが想像するように、たとえ「翻訳」のような形であれある種のリンクが張られているのではなく）それぞれの間は完全に寸断されている、という事実である。

話題になった本の著者に来ていただいて話をしてもらう「トークセッション」という企画において、本と話は地続きである。内容的にそうであることはもちろん、本を書くという行為と、語るという行為、すなわち書かれた表現と語られた表現は、地続きである。ぼくは、確かにそう思っていた。でなければ、著書をめぐって語って下さいと著者に依頼する「トークセッション」の企画自体が生まれない。

しかし、明らかに聴覚障害者にとってはそうではない。「聴覚口語法」と「書記日本語」はふたつの別々の言語なのだ。聴覚障害者は「書記日本語」による書物には直接触れることができるが、その書物を巡る「トーク」に触れるためには、手話通訳者の介在が不可欠なのである。「トークセッション」における前述のエピソードが物語るのは、この単純な、しかし重要な事実なのだ。

ぼくら書店人にとって特に重要なのは、直接触れることのできる書物という形態が、聴覚障害者にとって健聴者以上に重要だ、ということである。上農氏によれば、読書を通じてハンディキャップを乗り越え、「エリート」への道をたどった聴覚障害児も多いという。ただし、「多くは自分一人だけで没頭した読書や暗記型の勉強で身につけたもの」（『たったひとりのクレオール』四一九頁）でしかない経験や知識は、聴覚障害者「エリート」にとって新たな問題をもたらす。また、「書記日本語」に習熟することが、逆に「日本手話」の習得に弊害をもたらすということもあるらしい（ここでは十分に紹介できないので、是非『たったひとりのクレオール』をお読み下さい。重ねて、推薦します）。

しかし、「読書とは書かれた言葉を通して「他者」の思考と出会う体験であり、その意味で異文化理解への非常に重要な入り口」（二二〇頁）であることに間違いはなく、「「他者」の思考と出会う体験」が人間にとって不可欠なものである以上、書物が聴覚障害者にとって健聴者以上に重要だと言っても誤りではないのではないか、と思う。

ならば、書店現場にもっと聴覚障害を持つお客様がいらしていても不思議ではない。そうではないのは、手話通訳を含めて、われわれ書店側に、そうしたお客様を迎える準備と構えがそもそもできていないからではないか。

「トークセッション」での手話通訳の依頼。ほんの小さな出来事が、こんな反省にまで、ぼくを連れて来てくれた。

（2000. 10）

4

「書誌アクセス」勤務の黒澤説子さんが「大山緑陰シンポ・アピール」を読み上げ、全国各地から集まった（読者も含めた）出版関係有志の熱気が盛り上がる中、鳥取での「本の学校　第五回大山緑陰シンポジウム」が閉会したのは、昨年九月一二日のことであった。四年ぶり二回目の参加であったぼくは、主催の米子今井書店永井社長ら多くのスタッフの献身的な努力に支えられて五年間続いたこのシンポジウムが、（予定通りとはいえ）これで終わってしまうのかと思うと、残念でならなかった。おそらくは、参加者の多くが、同じ思いを胸に抱いていたと思う。

四年ぶりに参加して何よりも嬉しかったのは、若い人たちの参加が増えていたことである。第二回から参加して、シンポジウムに触発されて書店人に転身し、マスコミでも取り上げられて一躍「書店界の寵児」となった安藤哲也氏（往来堂→ＢＫ１）にも、初めて会った。久し振りに「クソ生意気な奴」（ぼくにとっては、もちろん最大級の賛辞である）が出てきたな（実際、歳はぼくとあまり違わないのだが）、と嬉しく思い、負けてはいられないと大いに鼓舞された。

今春仙台から東京に転勤となったぼくに最初にアプローチしてくれたのは、その「第五回大山緑陰シンポジウム」に参加していた、ある出版社の若手営業マンだった。彼や彼の周辺にいる「大山」参加組が、「大山」経験をあのまま終わらせてしまうのは惜しい、何とか勉強会のようなものを立ち上げて続けたい、と言う。「それは、いいことだ。何よりも、大山でご苦労された永井社長が喜んで下さるだろうから、ぜひやるべきだ」と、ぼくは煽った。煽った責任上、第一回の講師として話させてもらったのは、七月二〇日のことだった。

会の名称は、「出版に関わる者の勉強会」を略して「でるべん」と決まった。内容の質的向上はもちろんのことだが、まずは会の継続を、と期待していたら、幸いにして、九月一九日に、出版ニュース社社長の清田義昭氏を講師に招いて第二回を開くことができた。

その時驚いたのは、メールマガジンやどこかのホームページで会のことを知って参加したという人が、何人かいたことだ。口コミで何とか会社の人間や知り合いを連れて来るしかなかった、関西で「勁版会《けいはん》（関西出版業界関係者の集まり）」や「書店トーク会」に参加していた頃とは、ちょっと違う。改めて、インターネット恐るべしと感じた。ジュンク堂池袋本店にも、メールマガジンで知ったという者がいて、どんな会なのか訊ねてきた。「非合法の地下組織を画策しているところだ」と笑って答え、結局彼も第二回目には連れて行った。

「大山緑陰シンポジウム」の当初の目的であった「本の学校」開校は、残念ながら未だ実現していない。しかし、シンポジウム会場に溢れていた熱意、議論、理念は、全国のあちこちで確実に継承されていると思う。たまたまぼくが関わった「でるべん」は、そのささやかな一例にすぎないかもしれないが、更なる継続・発展を期待したい。そうした企てが全国各地で自然発生的に勃発して、連帯していければ面白い。

そうした思いを胸に秘め（?）、ぼくは、縁あって一〇月二八日の「大山緑陰シンポジウム・イン・東京」にパネリストとして参加する。

5 (2000.11)

まず、訂正。前回「でるべん」の紹介をして、その名前の由来を「出版に関わる者の勉強会」を略して、と書いたが、早速メンバーの一人から、訂正依頼のメールが届いた。

〝「出版に関わる者の勉強会」を略して「でるべん」と決まった〟、となっていますが、「出版に関することについて学ぶ会」であって、参加資格は興味があるかないかだけです。理由はそうでないと、学生や一般の読者が参加できないからです(↑すでに業界以外の人も参加しています)。

確かに、彼の言う通り、学生を含めた業界外の人達も参加している。訂正して、お詫びしたい。ぼくが、今回のコラムを、この訂正原稿を軸にして書こうと思ったのは、間違った情報を流してしまったことへの責任もさることながら、この間違いに、現在の出版業界の病巣が象徴されているかもしれない(つまり、ぼくもそれに侵されている)と感じたからだ。すなわち、「再販制」をはじめとするさまざまな議論が、我々「売り手」側だけで収束され、我々を真の意味で支えてくれている(買ってくれている=資本投下してくれている)「読者」を巻き込んだものとなっていないことへの反省を促されたのだ。

考えてみれば、読者とは有り難いものだ。その多くは、頼みもしないのに書店にやって来て、書店員をわずらわせる事もなく自分で商品を探して、値引き交渉もせずに、買っていってくれる。そうした業態を、「お上」から「再販制」に胡座をかいた怠慢だと決めつけられることには反発したい（委託制を取らざるをえない商品特性、それゆえの仕入れ正味の高さゆえ）が、少なくとも我々の生活を支えてくれているパトロンとも言える読者抜きに、業界のあり方そのものの議論が成立するというのは、どこか、そしてなぜか貴族主義的になってしまった我々自身の驕りかと、自省すべきではないだろうか。

「でるべん」のきっかけとなった「大山緑陰シンポジウム」の東京版は、嬉しいことに盛会であった。懇親会の最後に、大山と東京を股にかけてずっと参加して下さっている（業界人ではない）読者がご挨拶された。そのことを有り難いと思えるかどうか、そうした存在を肝に銘じられるかどうか、そこに出版―書店業界の人材としての資質が問われ、そうした人材を本当に持っているかどうかが、業界そのものの存亡を左右すると言って過言ではないと思う。

6（2001.4）

四月一一日、書協の「新入社員研修会」（三五社七三人参加）に講師として招かれた講演の枕に、丁度前夜に放映されたテレビ東京の『ワールドビジネスサテライト』について言い訳をした。まさしく、言い訳であって、テレビ出演を自慢する気持ちは、こと今回は微塵もなかった。「ベストセラーはこうしてつくられる〜出版界の新たな挑戦」というタイトルが新聞のテレビ欄にも出ていたので、「これはやばい、業界でも見ている人は多いだろう、ましてや出版社の新入社員なら、新入社員であればこその向学心で、見ている確率はかなり高いであろう」と恐れての、言い訳だったのである。

オンエアの前日、ぼくが「出演」している部分の収録は、「いきなり」だった。その前々日に、リニューアルしたジュンク堂池袋本店の録画取りは終わっており、前日に社長のインタビューに大阪まで出向くとは聞いていたものの、さらなる材料になるとは、思ってもいなかったのである。幻冬舎の営業活動を撮るという連絡を受けてはいたが、せいぜい背景として店を使うだけ、もしもぼく自身が録画されたとしても、営業活動に訪問された書店人として、背中が映るくらいにしか考えていなかった。それが、会話のやり取りはそのまま流れ、挙げ句はいきなり訊かれた幻冬舎についての感想をそのまま使われ、放映を見て、実際汗ばむくらいの恥ずかしさだったのだ。だから、絶対ヤラセではなかったとは断言できる。だが、役者としては、多少のヤラセの部分は欲しかった（あとになって作家宮本輝氏の息子さんだと知った、幻冬舎営業の宮本大介氏とは、実は初対面だった。その彼と旧知の間柄のように喋ったのは、テレビカメラを前にして、本能的にヤラセ的な構えを取ってしまっていたと言えるかもしれないが）。

「今、もう店の前なんです」という宮本氏の電話を受けて慌てて迎えに出たぼくには、トイレの鏡の前で衣装をチェックする暇も、「アイウエオの歌」を唱えて滑舌を整える間も与えられなかった。感想を求められることが分かっていたなら、もう少し気のきいた台詞を考えることもできたろう。「アンタ、もうちょっと恰好に気を配ったら?」とテレビを一緒に見ていた女房から叱られることになるのだが、元来身をやつすことなど苦手ながら、せめて首からぶら下げた携帯電話くらいは外せたろうな、という恨みが残る。出版社の新入社員諸君にした「言い訳」とは、そういった内容である。

とはいえ、あの取材、放映は有り難かった。お天気がよかったという好条件もあり、直接テレビ放映が原因だったと断言はできないが、放映翌日から来店されるお客様の数は目に見えて増え、売上げも日に二〜三〇〇万円の上乗せを見た。まさに「マスコミ、恐るべし」と感じた。

書協の「新入社員研修会」に先立つこと一〇日前、四月一日に我が社の新入社員を前に朝礼で話したのが、内から見える見え方と外から見える見え方はまったく違う、だから外からの見え方を常に意識しておかないといけない、ということだった。卑近な例でいえば、ジュンク堂池袋本店の南北の入り口の間にあるショウウインドウに立てられた五枚の広告看板への出稿内容を、その場ですべて答えることのできたスタッフは皆無だった。店内にいる我々の目には触れないからである。一方、外から店に訪れるお客様や業界の人達にとっては、入店前に、最初に目に触れるのがその看板である。

日本一の売場面積二〇〇〇坪への増床にしても、年末の連日の徹夜、休みもろくにとれない中での早朝、深夜の作業と、正直、内部で働く我々にとっては、何とか無事通り過ぎたい「大嵐」のようなものだったが、そうした見え方とお客様や業界内外の外部の人達からの見え方が大きく隔たったものであることは、想像に難くない。どちらがより実態に即した「正しい見え方」なのか、そうした実体論的な議論は、無意味であろう。そして、店の成功・不成功が後者に依存しているのは、間違いのないことである。外からの見え方が内からの見え方といかに隔たっていようと、そうである。否、ひょっとしたら隔たっていればいるほど、そうなのかもしれない。

だとすれば、マスコミの取材のあり様が、内からの見え方と全然ズレている場合においてすら、否そうであればあるほど、外からの見え方を大きく規定する力を持ったマスコミに大いに乗っかっていく、すなわち、確かに一面的な切り取り方をすることの多いマスコミの取材姿勢に、眉をひそめたり、巻き込まれることを忌避するのではなく、巻き込まれたフリをして逆にマスコミを巻き込んでいく位のしたたかさが、今必要とされているのではないかと思う。

（2001.8）

7

七月一七日、久しぶりに関西で話をする機会を与えられた。天満橋のドーンセンターで、敬愛する井上はね子氏の「アミ編集者学校」主催の講演だった。

前日に京都に入り、悪友角谷（京都大学生協）の家に泊めてもらうのをいいことに、懐かしい仲間と痛飲し、角谷の家でギリギリの時間まで寝て大阪入りした。天満橋に着いた時刻はもう夜の範疇に入っていたが、実はまだ二日酔いが抜け切らず、自他を誤魔化すために天満橋松坂屋の地下でフランスパンの「切り身」を買い、そいつを齧《かじ》りながらの入城だった。

新聞告知もあり、関西出版業界の長老川口正氏（朱鷺書房から独立して、現在出版営業代行業）も多くの方々にメールで案内して下さり、想像以上の聴衆に恵まれた。はね子さんに電話で頼まれた時から、せっかくだから「日本最大の書店」をつくり上げた「苦労」と意外な「楽さ」、特に一階集中レジを巡るそれを語ろうとは思っていたのだが、レジュメ（もともとぼくは、講演原稿をつくって、すなわちあらかじめ計画的に物事を話すというタイプではない、むしろ、聴衆の反応を見ながら、即興的に話題を変えていくタイプなのだが、そもそも無計画だからこそからこそ、「レジュメ」は必須なのだ、とある時に気づいたのである）をつくりながら、「一階集中レジ」の様子を「風林火山」に喩えて、「時代背景」という項目を入れた時に、ぼくが、今、何をしたいのかが、閃光のように眼前に現われた。そしてすぐさま、「時代背景」という項目に、『だれが「本」を殺すのか』（佐野眞一著、プレジデント社）や『出版大崩壊』（小林一博著、イーストプレス）と言った書名を割り込ませたのだ。

この二著に対する異論があるわけでもなく、反発したいわけでもない。後発した『出版動乱』

（清丸恵三郎著、東洋経済新報社）などの出版物を含め、状況を冷静に捉えた優れた報告であることは間違いない。

嫌なのは、こうした出版物を前にして、「もう駄目だ」という風に頭を抱える（すべてを状況のせいにしようとする）人々なのであり、そうした出版物を（実は十分に評価しながら）否定的に扱いたいのも、そのせいなのだ。ジュンク堂池袋本店のリニューアルを「成功」と言ってしまえるのも、そのためだ（本コラムの読者は、ぼくたちの苦闘をすでに理解して下さっていると想定して、あえて言う）。今、厳しい状況であることは、誰でも知っている。でも、「駄目だ、駄目だ」と言っていたって埒《らち》は開かんでしょう。出版物を扱うというのは、とても魅力的な仕事なのだから、なんとかいい方向に持っていこうよ、そのためには、「もう駄目だ」と言っちゃおしまいでしょうが。

講演の後、実はぼくの実家と同じ神戸市の垂水に住んでいる「論敵」湯浅俊彦氏と同じ電車で帰って、垂水の彼のマンションの下でさらに飲みながら言い続けたのは、そのことだけだった。

8（2003.8）

吉見俊哉氏の『カルチュラル・ターン』（人文書院）は、カルチュラル・スタディーズの意味と意義を再認識させてくれた。以前、ぼくは「カルチュラル・ターン」という概念装置そのものの無理を論じた書評を書いたりもしたが、本書からは総じて「カルチュラル・スタディーズ」の成果の豊穣さを理解して欲しいという著者の思いが、痛切に伝わってくる。少なくとも「カルチュラル・スタディーズ」が、「カルスタ」と揶揄的に述べられる（読みもせずに差別される）ようなものでは決してないということがよく分かる。

書店人としては、特に終わり近くの次の部分に強く共振した。

もともと英国のカルチュラル・スタディーズが、コミュニティでの労働者階級を主体とした成人教育や高校までの英語教師たちの教育実践を背景に発展してきたものであり、たとえば若きスチュアート・ホールも、初期のカルチュラル・スタディーズの実践を高校教師としての授業のなかでためしていたことや、七〇年代以来、英国やカナダではメディア・リテラシー教育が学校教育に根づいてきたことを念頭に置くならば、それらが八〇年代以降もさらに広がりと厚みを増していったのではないかと想像される。（三五八頁）

もちろん、ひるがえって日本の高校教育や如何、である。

七月二八日に「学校司書会」で行った講演のレジュメに、「書店→大学生協→中高図書館」という項目を入れた。大型書店の存在も、そこにやって来てくれる読者が支えてくれるのだということを冷静に悟れば、そうした読者を「生産」してくれる学校現場を看過できるはずはない、そこに遡及せざるを得ないという思いが矢印の意味である。

そんな「読者」の「生産」に寄与してくれそうな本に出会った。菅野仁著『ジンメル・つながりの哲学』（ＮＨＫブックス）である。この本は、ジンメルを媒介に、社会をあくまでみずからの「実存」との関わりのなかで見ようとする、とてもわかりやすく魅力的な学問への案内書である。特に高校生諸君に読んで欲しいなと思った。

思い起こせば京都店時代、「倫理社会」の夏休みの宿題の課題として、プラトンの『ソクラテスの弁明』やキルケゴールの『死にいたる病』を求められた時の、それを課題とした教師に対する憤りがある。どちらも素晴らしい古典だとは思うが、いきなり読まされた高校生にしてみれば、哲学思想を「わけのわからない」世界として忌避したくなるような、余りに安易な選書ではないか。「他の本でもいいんです」と言われるたびに、『哲学入門』（三木清著、岩波新書）を薦めていたが、竹田青嗣の『自分を知るための哲学入門』（ちくま学芸文庫）が出たあとは、一貫してこれを薦めた。『ジンメル・つながりの哲学』は同じような薦め方をしたい本である。

「書店↓大学生協↓中高図書館」という項目が語っている通り、ぼくは大学生協との協働も意識している。大学生協書籍部は、「生産」された「読者」を育て、大型書店へと送り込んでくれる媒介だからである。

「学校司書会」での講演に先立って、七月二三日に大学生協事業連合で話をさせていただいた。

その際、人文会が五年ごとに出している「人文書のすすめ」の第三弾の基本書目の選定作業の一部（哲学・思想）を依頼されていたぼくは、第二弾のリストから取捨選択してもらうという方法で、大学生協の現場で働いている人たちに意見を求めた。

元来本好きの彼らは、ああだこうだと議論しながら、削除・追加の作業をしばらく続けてくれたが、分担して作業に当たっていた三つのテーブルで、相前後して作業が中止された。このジャンルでこの本は欠かせないよな、という「基本書」と、実際に大学生協書籍部の小さな棚スペースに厳選して並べて実効性のある（売れる）本との乖離が、あまりに大きかったからだ。たとえば日本実業出版社やかんき出版が出しているような入門書、それらをぼくなんかは最初に「基本書目」から外してしまうのだが、大学生協書籍部では、そうした本こそ売れ筋なのである。そしてそのことは、「読者」の「生産」を大学生協書籍部にも頼っているぼくらとしても、看過すべきではない。

人文会の「基本書目」は、二〇〇〜三〇〇坪くらいの書店にも必備して欲しい本という基準だと聞いたが、だとすれば、「基本書目」というよりも、「誘いのための書目」にした方が、実効性が高いのではないかと思った。その中には、多少怪しげな（？）「入門書」があってもいいのかもしれない。

「次のコマの試験、「教科書持ち込み可」なんです。この本、貸してくれませんか？」という学生が、時々大学生協書籍部には来るという。「ネタ」じゃないかと思うこの話、どうやら事実らしい。

9

二〇〇一年夏、トランスビューという出版社が誕生し、最初に世に送ったのが、『オウム』という本だった。それは、『季刊仏教』を発行していた法蔵館の東京事務所（法蔵館は、もともと本願寺を最大の顧客にした京都の出版社であり、その人たちが独立してつくった出版社である）の人たちが独立してつくった出版社であり、「オウム」は、日本女子大学の島田裕巳元教授が、まさにみずからが「連座」した（島田教授は「地下鉄サリン事件」の後、それ以前にオウム真理教を擁護する発言をしていたことをバッシングされ、大学の職を追われた）オウム真理教と、彼らが引き起こした地下鉄サリン事件をいわば総括した五〇〇ページを越える大著である。

法蔵館時代から面識のあったトランスビュー創設の人たちからご挨拶をいただき、ついでに『オウム』の献本までいただいたので、これは（毎月ジュンク堂のPR誌『書標』に書いている）書評で取り上げねばなるまいと、文庫になっていた村上春樹氏の『アンダーグラウンド』や『約束された場所で』と共に通読した。

その作業の中で、「オウムの件って、そうだ、ぼくにとっては、他人事じゃなかったんだ」ということが、思い起こされてきた。オウム真理教は、出版部としてオウム出版を持っていて、ぼくらも、大いに販売した。一時（特に教団が印刷施設を持って以後）は、ものすごい新刊発行ペースだったことを思い出す。新々宗教の戦略のひとつとして、信者に特定の書店で買うことを指示するといったこともあって、ベストセラーになった時期もあった。新刊を押し込んで（もちろん営業マンが事前注文を取って）、売れ残った分は店頭で買っていったのだから、売上げ数を真正直に申請すれば「ベストセラー」にも入ろうし、いわゆる「書たれ」（売れ残り）のリスクもなければ、返品の手間もない。書店現場にとっては、「おいしい」話であった。

さて、ぼくは、おそらく結果的に、教団とは何の利害関係も理解関係もない者としては、一番最後までオウム出版の本を販売し続けた現場担当者だった。

断っておくが、ぼくは、オウム真理教信者ではない。あったこともない。そのシンパでも、もちろんない。「地下鉄サリン事件」への怒りは、人後に落ちないくらい持っている（間接的な話だが、あの事件のおかげで、ぼくの故郷であり、母、妹、義母が住む神戸を襲った大震災が「風化」してしまった恨みもある）。

そして、ぼくは「売上至上主義者」でもない。「置けば信者が買う」という理由、蜜で、平積みを増やしたことは一度もない。宗教書に関しても、少なくとも、他の宗派のものでも新刊ならそれくらいは積むだろうという程度のことしかしていない。最終的に信者が買うという約束をちらつかせられても、通常以上の棚の提供は絶対にしなかった。「そんな商売はしたくないんや」

で、突っぱね続けた。

そのぼくが、オウム出版の商品を、「地下鉄サリン事件」後、自社の他支店を含めて他の書店のほとんどすべてが棚から外した後も販売し続けたのには理由があり、そのリスポンシビリティ（説明責任）については、社内外に対して必要であったろう。そして、その用意はあった。目の前の売上につながるという理由で新々宗教の棚スペースを増やすことを一切しなかった、という自負があればこそ、その自信があったのである。

一九九五年、「地下鉄サリン事件」が起こったその年の秋に一本の電話がかかってきた。電話の主は、京都大学生協書籍部の角谷であった。

「福嶋さん、ちょっと助けてぇな。」

いつもより少し気弱な響きで、角谷の声が聞こえた。

「金貸せ、言われたって、俺にも他人に貸す金はないぞ。」まさか無心ではあるまいと思いながら、とりあえずの予防線は張った。

「違いますのや。オウムの本を棚から外したら反発が凄ぅて、困ってますのや。」

角谷によれば、「地下鉄サリン事件」後、生協書籍部の棚からオウム出版の本を外したところ、そのことについての抗議や質問状が殺到し、最初に適当にあしらおうとして応答したのが災いして、それが収拾がつかないくらいに膨れ上がってしまった、と言うのである。

そう聞いて、ぼくも思い出した。大学生協は、基本的には組合員（出資者である学生、教員）によって運営される組織であり、そのあり方について、組合員一人ひとりが発言する権利を持っている。組合員の意見を貼り付けるパネルがあり、組合員誰でもがそこに要望を貼れる。それに対して、生協側は応答する責任（リスポンシビリティ）がある。その応答も、同じパネルでなされる。通常はそこで話は終わるのだが、今回のケースでは、その応答に対する再反論が、予想以上に膨れ上がったというわけである。

「ほな、とにかく、その張り紙をファックスしてくれや。」

文化大革命時代の中国の壁新聞をふと思い浮かべながら、ぼくは言った。

十数枚のファックスがすぐに届いた。オウム出版の本を棚から外した今回の状況を、「第二の瀧川事件」と断ずる威勢のいい意見もあった。角谷には悪いが、他人事として、「京大にも、これだけまだ元気のある学生がいるいうのは、ええやん」と無責任に思った。もちろん、「瀧川事件」と「地下鉄サリン事件」の質の差を充分踏まえた上での話である。

角谷もまたオウム信者ではないし、シンパでもない。彼が「事件」以前にオウム出版の本を並べていたのも、ジュンク堂京都店にも来ていた熱心な営業マンに個人的なシンパシイを（ぼくと同程度に）持っていたからだろうし、また、「オウム真理教」や麻原が、いわゆる高学歴の人たちに受けていた、京大でも大学祭に呼んでいた状況の下、商行為としても自然な行き方だったといえる。さりながら、元々「新宗教」の本を売ることに積極的でない角谷としては、「地下鉄サリン事件」を契機にオウム出版の本を棚から外すというのは、ある意味で「願ったり叶ったり」

のタイミングだったのだとも思う。ただでさえ狭い生協書籍部なのだ。

だから、微力ながら角谷を助けようと思った。そして電話して、言った。

「今から「オウム」についてのぼくの見解をワープロで打ってファックスするさかい、それを掲示板に貼ってくれ。俺にできることはその程度のことやけど、多分ある程度は効果があると思う。」

そして、なぜぼくが未だにオウム出版の本を並べているかについて、精確に打ってファックスした。

まず、「地下鉄サリン事件」がオウムの犯行であることが明るみに出て、もはや「書籍に騙されて」入信する人たちはいなくなったろう、だから、むしろ今こそオウム出版の本は無害になったのだと言える。むしろ、未だ「事件」を起こしていない教団の本の方が、その意味では危ないのに、書店は「事件」が発生するまで無批判に販売し続けている、そちらの方が問題ではないのか（現に当時無自覚に販売されていた本が、教団トップの逮捕で、慌てて書店の店頭から外されたということが後に起こっている）。

次に、オウム真理教があのような大事件を起こしたのであれば、識者と言われる人々は、つまりは学会やジャーナリズムは、その原因や発生させてしまった「状況」について発言する、少なくとも考える責任がある。その原資料として、オウム出版の本を販売する場を設けることこそ、書店人の責任と思う（現に、京大のある社会学の研究室から、手に入るオウム出版の本をすべて入手したいという依頼があり、その時持っていた商品を何十冊も車でお届けしたことが、その後あった）。

第三に、「地下鉄サリン事件」以後、すべてのマスコミがオウム真理教を敵対視し、多くの自治体で入居を拒否された信者（事件と無関係な人々を多く含めて）は、まったくの閉塞状況に陥っていた。彼らにとって、反論の場は、もはやオウム出版の出版物しかなかった。それも事件後、発行が恐ろしくままならなくなったとしても、かつて出版していたものが、すべて市場から排除されることによる閉塞感、無力感、絶望感が、本来「事件」を起こすほど過激ではなかった信者たちを必要以上に追いつめることを恐れたのだ。まず勝ち目のない状況においてもなお主張、表現の自由を許されること、それが「出版の自由」であり、そのことが持っている価値ではないのか。

「だから、ぼくは、今でもオウム出版の本を販売しています。必要であれば、また、興味があれば、ジュンク堂京都店にお越しください。「オウム」の取扱について、ご意見があれば、いつでも承ります。ただし、書店店頭に何を置くかについては、棚担当者の選択に任せるというのが基本だと考えます。だから、京都大学生協書籍部にオウム出版の本がなくなったからと言って、担当者を責めるのはやめてください。本当に欲しければ、今でも並べているぼくの店まで来てください。ぼくが何者かは、京都大学生協書籍部の角谷が知っています。反論があれば、是非聞きたいので、店頭にてお呼び付け下さい。」

角谷にファックスし、掲示を指示した文面は、確かこのようなものだったと思う。

角谷は、即座にその文面を（考えてみれば、生協の掲示板に部外者のファックスを貼り付けるというのも、極めて例外的な事態だとは思うが）貼り付けてくれたらしく、その後、角谷を悩ませる「投書」はなくなったと聞いた。そして、ぼくへの反論もなかった。

角谷をとりあえずは救うことができたとホッとする反面、「第二の瀧川事件」とまで言い切った学生らと直接対話することができなかったことは残念だった。ぼくの方から、それ以上に積極的なアプローチはしなかったとはいえ、所詮、「大学」という保護区（京都大学という場所は、今でも、ぼくにとって「解放区」であって欲しい場所であり、京都店勤務時代に何度か訪れた折りには、その雰囲気を再確認できて嬉しかった経験もあるのだが）の中にあっての、つまりはキツイ言い方をすれば、あらかじめ発言者が戦いの中で傷つく危険性のない中での意見表明に終わってしまったのかと、残念に思ったのである。

今改めてそんなことを書くのは、島田氏の『オウム』を読んでいて、オウムを生み出してしまった現代社会を、その社会を生きるみずからの問題として受け止めることを何より大切なことと思ったからだ。「オウム事件」が過去のものではないのは、未だオウム真理教の「残党」があるからではなく、オウムの犯罪を触発してしまった社会構造の本質が、何ら変わっていないからなのだ。

だからこそ、あの時巻き起こった議論の渦が、京都大学の中で存続して欲しかったし、それが他にも飛び火して欲しかった。そして、願わくは、書店店頭という場所が、そうした議論の場にもなり得て欲しかった。「過激な」と人はぼくを責めるかもしれない。しかし、「過激」でない本に、「過激」でない書店現場に、何の魅力があろう。統一教会の問題もからまって、当時「マインドコントロール」という言葉が流行った（問題視された）が、そもそも何らかの「マインドコントロール」をできない本に、何の値打ちがあるのか。人は一冊の本に出会うことによって、生き方、生き様をドラスティックに変えてしまうことがある。そこには、当然リスクもある一方、救いもある。

本を販売するということが、かくもリスキーで、かつ（多分同義語だが）ドラマティックでもありうる書店現場の魅力は、それに囚《とら》われたものを放さないし、日々人々を捕えていく。その事態に怖じ気づいて書店運営はできないし、そこで働くことの楽しさ、面白さも、体感することは出来ない。

「オウム」については、こんなこともあった。ぼくが執拗に（実は、先に書いたような理論武装を伴なった惰性で）オウム出版の本を置き続けたことに対する批判の電話もよくかかってきた。大抵の場合、先に挙げたぼくの主旨を説明すれば分かって頂けた。だが、そうでない場合もあった。ある中年女性（電話であるから声を聞いただけでそう決め付けることは危ういし、批判されるかもしれないが、少なくともぼくはその時そう確信したのだから、正直にそう表現する）からの電話。「どうして、オウムの本など置いているのか？」というお叱りに対して、ぼくは、先に挙げた理由をいつも通り説明した。しかし、電話の主は聞く耳を持たない。そもそもぼくの釈明など聞いている節もない。それは引き続いての糾弾の言葉が、ぼくの釈明に「突っ込む」ものではないことでよく分かった。「そもそも、あなたは、麻原なんかの本をゴータマ・ブッダ様や、イエス・キリスト様の本と同じ「宗教書」のコーナーに並べて、恥ずかしいとは思わないのですか？」

相手の姿が、その時かいま見えた。

ぼくは、すでに行っていた販売理由の説明を繰り返し、何と言われようと、棚から外すつもりはない、と言い切った。激しい罵りの言葉とともに、電話は切れた。

数分後、ジュンク堂の第一号店であり、実質的には本店的な立場にあった神戸の三宮店店長から電話がかかってきた。

「今こんなクレームがあったんやけど、どういうことなんや？」

先程の女性が、ぼくに話しても埒が開かないと悟り、三宮店に電話をしたらしい。

「ああ、それやったら心配せんといてください。あれは、明らかに「×××」ですから」と、ぼくは、ある新宗教の教団の名を挙げた。

「相手の姿が、その時かいま見えた」といったのは、そのことである。世の中に宗教、宗派と呼ばれるものはごまんとあるが、ゴータマ・ブッダとイエス・キリストを同格に、しかも高い位置で論じることが出来るのは、「×××」しか考えられなかったのだ。

「×××」もまた、出版部を持っていて、書店営業も活発だった。先にも述べた通り、一見美味しい話に耳も貸さない頑固なぼくは、担当営業マンにとっても頭痛の種だったはずだ。一度など、「×××」の本を売るのにどうしても熱心になれない部下のことを「Tさん、最近、変わってきましたね」というのをぼくが聞きとがめ、

「ええか、Tはぼくの部下や。Tの言うことはまずぼくの言うことやと思わんかい！　それが気に入らんのやったら、いつでも付き合いは止める。お前とこの本がどれだけ売れとろうが、そんなことは関係ない。「常備契約書」をちゃんと読んだことあるか？　そこには、「契約を交すいずれか片方の意志で、いつでも契約を中断することができる」と銘記してあるんやぞ！」

と怒鳴りつけたりしたこともある。それでもなぜか彼は、腰を屈してぼくに近づき、離れようとしなかった。今にして思えば、見事な粘り腰である。

抗議電話のあった日の数日後、彼が「飛んで火に入」ってきたので、ぼくは彼を京都店の喫茶部に誘い、つとめて穏やかに、決して無理につくったのではない微笑みを見せながら、オウム出版の本の扱いについてこんな抗議の電話があった、と世間話のように語った後、目線を窓の外の四条通に移して、

「もちろん、決めつけてるわけやないのや。疑っているわけやない、とさえ言いたい。こんなことも、ぼくが何で今の今までオウムの本を扱っているのか、そのことを説明して理解してくれたアンタやさかい言えるんやけどな。アンタにキツう当たったこともあったかもしれへんけど、少なくともオウムの本を扱っているからいうて、ぼくがアンタとこの本をないがしろにしたことはないことを分かって貰てると思う、アンタにやから、こんな失礼なことも言えるんやけどな。」

「…」

「違てたら、ホンマにごめん。もし万が一や、万が一、ぼくがオウム出版の本を未だに扱っているることの動機を誤解して、非難の電話をかけた人がもしもアンタとこの教団のどっかの支部にいはるてな噂が耳に入ったら…、もちろんそんなこと調べてくれいう気はあらへん。もしも耳に入ったらでええから、「ジュンク堂の福嶋は、妙な考えでオウムの本を扱っているわけではないし、我々の教団に敵対しているわけではない」ということを、教えてあげて貰えんやろか⁉」

多分、偶然だったのだろうとは思うが、それから、ぼくに対する抗議の電話は一本もなかった。

（本書初出）

終章——あとがきにかえて

『我々はどこへ行くのか――あるドキュメンタリストからのメッセージ』（川良浩和著、径書房）を読んだ。著者の川良浩和氏は、「NHK特集」「NHKスペシャル」で一五〇本あまりのドキュメンタリーを制作したプロデューサーである。仕事柄、常に同時代と正面切って向き合ってきた川良氏の手になる本書は、「第1章　1989年、平成元年の衝撃」で始まる。その年、中国で天安門事件が起き（六月）、ドイツでベルリンの壁が崩壊し（一一月）、年末（一二月二二日）にはルーマニアのチャウシェスク大統領が処刑された。日本で昭和から平成へと元号がかわったその年は、その後の世界の変動への節目ともいうべき激動の年であったのだ。そのことを、多くの人は忘れてしまっているかもしれない。少なくともぼくは、恥ずかしながら、読んで改めて、ああそうだったと思い返したのだ。

翌年にはバルト三国が独立、イラクがクウェートに侵攻し、翌々九一年には湾岸戦争が勃発する。そして、ユーゴスラビア内戦…。川良氏の仕事のドキュメントである本書は、そのまま同時代の生々しいドキュメントであり、平成という時代を改めて振り返る作業にうってつけの本であると思った。そして、その作業は「我々はどこへ行くのか」という問いに答えようとするならば、不可欠の作業である、とも。

本を売る生業にとっても、それはまったく同じである。平成という年号に人々が馴れ始めた頃、西暦でいえば一九九〇年代前半から、本を売る空間＝書店は、様相を大きく変えてきた。それは、時代の巨大な波濤《はとう》に激しく洗われた結果だったと言っていい。その変化は、いわゆる「IT革命」と歩調をあわせて（実のところ少しばかり遅れて）起こったことだからだ。

ぼくが最初の著書『書店人のしごと』を上梓したのは、一九九一年六月である。その本で結果的に最も長い章となった書き下ろしの「書店SA化構想の展望」は、当時その必要が叫ばれ始めた「書店SA（ストア・オートメーション）化」の現状を、ぼく自身の勉強を兼ねて広く取材しながら書き進もうというのが、当初の目論見だった。ところが、その取材対象がなかった。あちこちに訊いてみても、「SA化」という言葉ばかりが独り歩きをし、実際に具体的な構想を練り始めている書店現場はほとんどなかった。結果、当時発表されていた東芝の「書店戦略情報システム」と、日書連の「バードネット」の二つを具体的に検証しはじめたが、コスト面、現場での実効性において到底満足のいくものではなく、その対案としてまさに「机上の空論」を構想することになった。

旭屋書店の湯浅俊彦氏が、まずその弱点を突いてきた。ぼくの構想は、具体的な機器の裏付けがまったくない「机上の空論」であって、確たる根拠もなく「SA化」バラ色論を説くのは危険だというわけである。機械化による労働者放逐の危険性をぼくが軽視しすぎているという指摘もあった。湯浅氏の批判は確かにもっともだと思いながら、それでもなお、さまざまな職種においてコンピュータ導入は不可避かつ実効的な選択であり、そのことについては出版・書店業界も例外ではない、ならばより有効な導入手段を構想するのは当然の戦略ではないか、少なくともぼくの構想は、書店人の存在意義を無視したり貶《おとし》めたりするものではまったくない、むしろ適切な機械化によってはじめて、書店人が本来の仕事をする環境を用意できるのではないか、と反論した。

湯浅氏とのいわば原理論的な論争を、ぼくたちは「ＳＡ」本格導入の前に不可欠なものと考え、何らかの形での公開も前提とした往復書簡さえ始めたが、それは確か一往復か二往復で途絶えてしまったと記憶している。「現実」が、ぼくたちを追い越してしまったのだ。九〇年代半ばになると、堰を切ったようにＰＯＳレジ導入による「ＳＡ化」が全国の書店に拡がりはじめた。

バーコードはもちろん、ＯＣＲ文字も瞬時に読み取り、何台もの子機で処理した情報を次々と親機に転送するレジシステムがこうも早く実現することを、ぼくはまったく予想していなかった。同種の機能は流通部門にも組み込まれ、データの電送システムを使えば、入荷・販売・返品の記録が統合され、そのデータを集積・加工することで、単品の在庫状況が店頭で瞬時に把握できるようになった。そうなってみると、『書店人のしごと』で構想した売上カード読み取りによる販売記録や、常備品リストによる蓋然的な在庫把握など、実現される暇もなく「過去の遺物」になってしまった。一書店人の思いつきなど、技術の進歩があっという間に抜き去ってしまったのだ。同時に湯浅氏との原理論争も、現実化した「ＳＡ化」の大波に飲み込まれてしまった（本書Ｉ-7、Ⅱ-8参照）。

当たり前になってしまった日常が、以前はどんなふうであったかということを忘れてしまうのは早い。ＰＯＳレジ導入＝ＳＡ化によって、この十数年で書店の風景は間違いなく変わった。誰の目にも明らかなのは、売場の巨大化だ。不動産バブルの崩壊や構造不況など他の要因も大きいとはいえ、「SA化」の進展がそれを援《たす》けたことは事実だ。その分一社員がカバーする売り場面積も拡大し、書店人の仕事も変化してきた。スリップを分けてそれを握りしめての在庫確認、注文カードに番線印を押して追加をかけることもまれになった。売上カードを数え上げ、台帳に記入することもなくなった。そうした作業による「体得」「体感」といったものが失われてしまった部分は決してぼくも否定できないが、「SA化」による作業時間の短縮、データの正確化・共有性はそれを補って余りあると思う（本書Ⅳ-9）。

十数年前、知らないタイトルの本の問い合わせを受けた時、ぼくたちは必ずといっていいほど、年刊の『日本書籍総目録』という電話帳のように分厚い本を開いていた。書名が五〇音順にならんでいるそれを使って目指す書籍を見つけ出すには、タイトルの「前方一致」（もしくは著者索引を使う場合の正確な著者名）が絶対条件だった。しかも、年末原稿締切、翌年六月刊行のその目録には、刊行直後でも直近半年間、刊行直前には直近一年半の新刊は掲載されていない。新刊の問い合わせが最も大きな割合を占める書店現場において、ぼくたちにとって何とも頼りない武器であった。それが今では、昨日今日入ってきた新刊でもコンピュータ画面で検索できる。タイトルのどの部分からでもアプローチでき、運がよければ内容案内からもヒットする。この一事をもってしても、ぼくは「隔世の感」を否めない。

自社のデータベースだけでなく、他書店、取次、出版社のデータベースにも簡単にアクセスできるし、場合によっては図書館や古書店へも検索の幅を広げられる。書店扱いのない書籍・雑誌の問い合わせを受けても、インターネットを使えば大抵の場合、入手方法や連絡先をお客様にご案内できる。今ぼくたちが手にしている武器は、格段に進歩しているのだ。

一方、変化は業界内的なものだけではない。書店、そしてそこで働くことの風景以上に、本という商品、それを商う書店という空間を取り巻く環境そのものが、もっと大きく変化している。

インターネット書店の登場は、本を売るという生業にまったく新しい仕組みをもたらした。アメリカ発のグローバル企業である「アマゾン」の上陸は、当初から「黒船来航」と譬えられたが、確実にその地所を固めつつある。一〇〇〇億円とも言われる売上総額は、ほんの数年で、あまたの日本の書店グループをゴボウ抜きにした。

本という商品形態を脅かす存在も現われてきた。電子辞書は「紙の辞書」の商圏をジワリジワリと侵食していき、かつて科学雑誌を媒体としていた科学論文は、今やデジタルデータ化されたものが主流となっている。インターネットでさまざまな情報にアクセスすることが可能になった時代に、重くてかさばる百科事典を常備する書店はない。

そもそも本という商品は、紙の束をまとめた形態に価値があるのではない。読者は、その形態に乗せられたコンテンツ＝エクリチュールに対価を払う。だから、インターネットの時代に、コンテンツがたやすく入手できる状況になった時、読者がお金を払って本を買うという習慣から「逃亡」しても、何の不思議もないのである。〝Ｗｅｂ２・０〟を標榜する「アマゾン」や「グーグル」が、書物のコンテンツそのものを取り込んで提供しようとする動きもある。

しかし、こうした「波状攻撃」を前にして、ぼくはなお諦めてはいない。リアル書店で本を売るという生業の意味、「紙の本」というメディアの力を今でも信じている。「本屋とコンピュータ」というコラムを書き続けてきた原動力は、間違いなくその「信」にある。

新しいメディアが登場してくればくるほど、むしろ「紙の本」のアドヴァンテージが浮き彫りになってくる面もある。本は、それだけで完結している。コンテンツにアクセスするために、他の機器は何も必要でない。電源もいらない。携帯にも便利で、かつ堅牢《けんろう》である。飽くまで、自分の状況に合わせ、自分のペースで読み進むことができる。コラムを開始するに当たって念頭にあった季刊雑誌『本とコンピュータ』は、コンピュータの威力、コンテンツの電子化に目を向けながらも、「紙の本」の意義、生き残りの可能性にも充分目配りした雑誌だった。

トークセッションがきっかけで親しくお付き合いいただいている書き手に森達也氏がいる。「サリン事件」後にオウム真理教信者を追った『A』を撮り有名になったドキュメンタリー映画作家だが、最近では本の著者としての活躍の方が目立つ。オウムのドキュメンタリー映画製作を記録した『「A」撮影日誌』『A2』（ともに現代書館）や『ベトナムから来たもう一人のラストエンペラー』（角川書店）、『下山事件』（新潮社）、『悪役レスラーは笑う』（岩波書店）、どれもとても面白く読んだ。それらの著作がすべて元はといえばドキュメンタリー番組の企画だったということを知り、ぼくは「紙の本」の存在理由（レゾン・デートル）の一つに思い至った。ドキュメンタリー番組は、テレビ局の決済なしには一切予算がおりない。その決済にはスポンサーの意向や視聴率という強力なバイアスがかかる。作品の社会的意義やつくり手の思い入れなど、二次的、三次的な要因といっていい。一方、書籍の出版は、編集者がその意義や思い入れに共感すれば可能だ。出してみなければ売れるかどうかは分からないが、二〜三〇〇〇人の読者の支持が見込めれば出版できる。一冊の価格はしれているが、集積すれば制作費は出る。わずかなりとも印税というかたちで著者に報いその生活を支える一助ともなる。予想以上の売上げがあり、増刷が叶えば、著者の取材費用を埋めることができるかもしれない。

いわば、本を売るという生業は、(超) 小口の投資募集ではないだろうか。配当は買った本のコンテンツの享受であり、キャピタル・ゲインは著者を支えることによる新たなコンテンツの可能性である。すなわち、一人ひとりの読者が「パトロン」なのである。書籍という形態は、多くの「パトロン」を集めるのにとても有効かつ簡便な方法であると言える。その時、書店は「投資窓口」であり、書店にとって最も重要な役割は、魅力的な書物=「投資銘柄」を揃え、できるだけ多くの読者=「投資家」を集めることであろう。ぼくが前著を『劇場としての書店』と名づけたのは、劇場と書店のそうした共通点を、無意識のうちに体感していたからかもしれない (劇場に足を運ぶ観客一人ひとりは、俳優、劇団にとって間違いなく「パトロン」である)。店に足を運んでくださる読者=「投資家」へ推奨できる魅力的な書物=「投資銘柄」は、今でも間違いなくある。そして、それを発見することが、書店人にとって重要な役割のひとつである。そのためには、みずから広大な書物の世界に飛び込んでいくこと、広く興味を持って本を読んでいくこと、愚直なその作業を続け得ることが、書店人に必要な資質のひとつである。

最初の本を『書店人のしごと』と名づけた理由もそこにある。

本を読むことは、実はぼくら書店人にとって「仕事」ではない。ぼくらの「仕事」は本を売ることであり、基本的には就業時間内に本を読むことは認められていない。しかし、本を読むということが売るという「仕事」に反映されることも確信している。本を売るという「仕事」は、棚づくりから接客応対にいたるまで、買い手である読者と同じ目線に立てなければ極めて困難だからだ。そうした、書店人が本を読むことの「仕事」にとっての意味合いを念頭に置きながら、文章を書くという行為もその延長に見定めて、「しごと」と表現したのだった。そして、「しごと」は間違いなくぼくに快をもたらしてくれた。

ぼくが生きていくための給与を得ている「仕事」は、「労働」である。本を読み、あるいは文章を書くという「しごと」は、「余暇」である。しかし、先ほど言ったように「仕事」と「しごと」は無関係なものとして分断されてはいない。「しごと」は「仕事」に反映されるし、一方「仕事」が「しごと」に新たな指針を与えてくれる。書店現場で「仕事」をしていると、すなわち多くの本をさわり多くの読者と接していると、「この本を、あの本を読みたい」というモティベーションを常に与えられる。

こうした「仕事」と「しごと」の「相互乗り入れ」は、言い換えれば「労働」と「余暇」の融合は、ある観点から見れば忌々《ゆゆ》しきことかもしれない。ジョアン・キウーラのいう「ミルズにとって、ホワイトカラーの仕事はある意味で、非熟練労働者の仕事よりも下だった。「仮釈放者」は肉体的には苦しいものだが、少なくとも彼らは家に帰れば自由である。だが、ホワイトカラーは、時間とエネルギーを売るだけではなく、人格まで売っている、と彼は指摘している。」(『仕事の裏切り』翔泳社、二〇〇頁)という状況と通じるかもしれない。

あるいは、〈感情労働者〉について渋谷望氏が指摘するように、「十全にその感情労働を商品化することができない」(『魂の労働』青土社、三一頁)で、「商品化されたものとして労働を自己からクールに切り離す態度や、労働条件をめぐって経営者とラディカルに対決するインセンティヴが削がれ」(同、三二頁)、「〈労働者〉としての社会的アイデンティティを維持することが困難となっている」(同、三七頁)危険があるかもしれない(書店人は、あくまでサービス業就労者として〈感情労働者〉でもある)。すこし古い言い回しをすれば、「余暇」の「しごと」までも「剰余労働」として「搾取」されていると表現されるかもしれない。

しかし、ぼくはこの状況を否定的には捉えない。まず何よりも「しごと」が快をもたらしてくれているからであり、その「しごと」の前提の一部には間違いなく「仕事」があるからであり、すなわち「仕事」と「しごと」の「相互乗り入れ」状況も、ぼくに快をもたらしてくれる重要な要素だからだ。

『仕事の裏切り』で、キウーラは次のように言う。「マルクスが言いたかったのは、こういうことである。もしあなたが清掃人として雇われている一方で、教会活動のリーダーで、彫刻家でもあった場合、給料が発生する仕事のみで自分のことを定義したいと思うだろうか。」（一三〇頁）「プロフェッショナルは無報酬が理想である。前述したように、彼らは「お金をもらう仕事をする」のではなく、仕事をするために必要な経費を補填してもらうのだ。」（一三六頁）「研究者たちは、お金をもらわなくてもやるであろうことを、お金を支払ってやらせた場合、その活動から得る喜びは減るということを突き止めた。」（三六二頁）これらの言説は、ぼくの「仕事／しごと」観にピッタリと嵌《は》まる。

ぼくが図書館を利用するのは、そのためである。

気になっている本を片っ端から買っていては、やはり経済的にもしんどい。それ以上に、すぐに置き場所に困ってくる。本が自宅の書棚から溢れるたびに、あるいは転勤による引越しのたびに、知り合いの古本屋に送るのも面倒である。何よりも、「買う」という時には、書店人といえども吟味する。言い換えれば、逡巡する。「気になった」からといって、それだけの理由で「買う」ことはできない。

そんな時、図書館はとても便利なのだ。少し読んで期待外れなら、それ以上読まずに返せばいい。参考になる部分があれば、それをメモしておいて返却する。部屋は狭くならないし、必要ならまた借りればよい。（『劇場としての書店』二二一〜二二頁）

そうして図書館を利用しているうちに図書館についていくつかの意見を持ち、それを述べる機会もいただいた。それらは本書のIIにまとめられているが、そこでも鍵となるのが「パトロニズム」である。「パトロニズム」の観点から見たとき、日本書籍協会や日本文芸家協会と図書館界の「公共貸与権」などをめぐる対立は、実に不毛なものに映った。一方、さまざまな場所で意欲ある図書館員の人たちと出会う度に、書物を読者と出会わせるという共通の仕事を持つぼくたちはもっともっと敷居を低くして協力していかなければならない、という思いを強くした。

新入社員面接でおそらく最も多く出会う応募者の言葉は、「本が好きです」である。多くの場合「自分が好きな本を、多くの人に紹介したいのです」という台詞がそれに続く。ぼくら面接官にとっては、それは聞き飽きた、青臭い台詞である。書店への就職を希望しているならそれは当たり前であって、聞きたいのは、つまり採否の判断基準にするのはもっと別のことだ。

だが、その聞き飽きた青臭い台詞こそ、入社後最も持ち続けていて欲しい気持ちなのかもしれない、と思ってきた。社員として入ってきたあと、多くの職務を覚えなければならない状況、さまざまなしがらみに塗《まみ》れるなかで、最も忘れがちなのがその「初心」であり、最も忘れてはならないのがその「初心」であるからだ。ベテランになればなるほど、その「初心」を忘れてしまう危険が増す。常日頃「ぼくは若い人の血を吸って生きている」と言う所以である。

『書店人のしごと』のV章は、「書店論に学ぶ」と題される。出版を勧めてくれた三一書房・笠岡勇氏の勧めで、先輩諸氏の書店論を書評する形で書き下ろした章である。笠岡さんは、ぼくがジュンク堂のＰＲ誌に毎月書評を寄せていることを知って、書評を書く感覚で「書店論」について論じることを提案してくれたのだ。確かに、ぼくにとっては馴れたやりよい方法であったし、大いに勉強になった。刊行後、湯浅氏をはじめ、「書店論」の著者の方々と親しくお付き合いいただけるようになったことも、ありがたい副産物だった。

だが、同時にある種の欲求不満を抱いたことも否定できない。「学ぶ」対象は「書店論」だけではないだろう。ぼくらが扱う一冊一冊の書物の中に、もっと広い範囲でぼくらの仕事に資するものは含まれているはずだ、そう思いながらコラムを書き続けた。本書において、第Ⅳ章が突出して長いのは、そのせいである。

書物というのは、とても魅力的な商品である。だからこそ、書物を販売する書店人という職業は魅力的なのだ。「私たち中学生に対して、何かアドヴァイスがあればお願いします」と、多分先生から与えられたのだろうと思われる質問をしてくる「職場訪問」の中学生への答えは、「仮にマンガでもいい、とにかく本を読んでみてください。本の面白さは読んでみなければ分からない。でも、読んでみた結果、本の面白さに目覚めた人は、そうでなかった人に比べて、何倍も人生を楽しむことができる、何倍も有意義な人生を送ることができると思います」である。そのことをぼくは胸を張って言えるし、実際に言い続けている。

今、書店業界が厳しい状況であることは、誰でも知っている。

でも、「駄目だ、駄目だ」と言っていたって埒は開かんでしょう。出版物を扱うというのは、とても魅力的な仕事なのだから、なんとかいい方向に持っていこうよ、そのためには、「もう駄目だ」と言っちゃおしまいでしょうが。

講演の後、実はぼくの実家と同じ神戸市の垂水に住んでいる「論敵」湯浅俊彦氏と同じ電車で帰って、垂水の彼のマンションの下でさらに飲みながら言い続けたのは、そのことだけだった。（本書V-7）

ジュンク堂池袋本店では、二〇〇三年二月オープンの「谷川俊太郎書店」を皮切りに、七階特設会場で、著名な書き手を「店長」にお招きして「作家書店」を開催している。扱う書目は、すべて「店長」の選書による。二〇〇六年六月〜一二月は、ノーベル賞作家大江健三郎氏に第七代店長をお願いした。いい機会だから、『万延元年のフットボール』ほか、以前から気になっていた大江氏の著書を読んでみた。『河馬に嚙まれる』や『宙返り』も面白かったが、『核の大火と「人間」の声』（岩波書店）で出遭った〝outgrow〟という言葉に魅かれた。大江氏はオーデンの『われわれの狂気を生き延びる道を教えよ』という詩を取り上げ、次のように語る。

その「生き延びる」という言葉、outgrow という動詞は、私はオーデンらしい特別な言葉だと考えていますが、さきのジョン・アーヴィングの小説でも三箇所使われていました。…すなわち頭をふさいでいる状態があって、その上にあるものを突き破ってゆくように成長する。自分が現にあるところから、その苦しみや困難というものを引き受けてかつ乗り越えていくというのが、outgrowということだと思うのですね。この言葉について私はオーデンをつうじてずっと考えてきました。

といいますのは、われわれの文学というものは、現代のような気違いじみた状態から人間がなんとかして生き延びていく、そういう道をひとりひとり発見してゆくのを目ざす試みだろうと思うからです。(『核の大火と「人間」の声』一六頁)

大江氏は「核の時代」を「生き延びる」という意味合いで〝outgrow〟を使っている。ぼくはといえば、書店という生業を〝outgrow〟させたいのだ。本という商品はとても魅力的な商品で、本を販売するというのは、とても魅力的な仕事なのだから。「しごと」で本を読めば読むほど、「仕事」で本を扱えば扱うほど、その気持ちはいやまさる。

*

第Ⅳ章を中心に、著書を引用させていただいた(=勉強させていただいた)著者の方々すべてに、感謝いたします。

ぼくの思索にとって最も貴重なフィールドでぼくを援けてくれているジュンク堂書店のスタッフ全員に、感謝いたします。

先輩・後輩を問わず、日常の会話・議論を通じてぼくを刺激続けてくださっている、書店・出版業界の人びとに、感謝いたします。

店を訪れるすべてのお客様に、感謝いたします。

最後に、「能書きばかりたれている」ぼくを、「ひょっとしたら何かの役に立っているかもしれない」という、およそ確信も持てない理由で使い続けてくださっている、ジュンク堂書店工藤恭孝社長に感謝いたします。二〇〇〇年末、ジュンク堂池袋本店の一階集中レジの完成を目の当たりにした時、「すごい舞台を与えてもらった」と、若かりし日に役者として臨んだ初日の舞台と同趣の感動を、ぼくは覚えました。

著者略歴

福嶋　聡（ふくしま・あきら）

1959年，兵庫県生れ。京都大学文学部哲学科卒。

1982年ジュンク堂書店入社。神戸店（6年），京都店（10年），仙台店（店長），池袋本店（副店長）を経て，2007年４月より大阪本店店長。

1975年から1987年まで，劇団神戸にて俳優・演出家として活躍。

1988年から2000年まで，神戸市高等学校演劇研究会秋期コンクールの講師を勤める。日本出版学会会員。

著書に，『書店人のしごと』（三一書房，1991年），『書店人のこころ』（三一書房，1997年），『劇場としての書店』（新評論，2002年）がある。

ISBN978-4-409-24077-9 C0033

希望《きぼう》の書店論《しょてんろん》

二〇〇七年三月二〇日　初版第一刷印刷
二〇〇七年三月三〇日　初版第一刷発行

著　者　福嶋　聡
発行者　渡辺博史
発行所　人文書院
〒六一二-八四四七
京都市伏見区竹田西内畑町九
電話〇七五・六〇三・一三四四
振替〇一〇〇〇-八-一一〇三

装　幀　鷺草デザイン事務所
印刷所　創栄図書印刷株式会社
製本所　坂井製本所

フリーターにとって「自由」とは何か

杉田俊介著

一六〇〇円

私たちはもっと怒っていい、
たたかいはこれからだ

労働の現場から生まれた、当事者による渾身のフリーター論。自分たちを取り囲む環境を冷徹に見つめるとともに、この生活を真に変えるため私たちはいま何を言うべきか。暗い現実との格闘の先にこそ、自由があらんことを！「フリーターに関する二〇のテーゼ」付。

表示価格（税抜）は2007年３月

生田武志著

〈野宿者襲撃〉論

息をのむ衝撃

少年はなぜ野宿者を襲うのか

一八〇〇円

時には明確に殺害を目的とした、少年らによる野宿者への極めて残虐な集団暴行が頻発している。彼らはなぜ襲うのか。国家・資本・家族の変容とともに若者の生の声を拾い、十代のいまを鮮烈に描き出す衝撃の力作。中高生対象のわかりやすい「野宿者問題の授業」付。

表示価格(税抜)は2007年3月

小泉義之著

「負け組」の哲学

いま全力で考える
べきことのすべて

一六〇〇円

勝ち負けと格差を強いる愚劣なゲームを棄て、弱さを強さへと変えること。そのための道はもう見えている。——「八月テーゼ」「無力な者に（代わって）訴える」など、比類なき強靭な思考によるラディカルな政治経済学批判をここに集成、新たな書下しを付す。

廣瀬純著

闘争の最小回路

南米の政治空間に学ぶ変革のレッスン

一八〇〇円

面白いのはチャベスだけじゃない
ラテンアメリカ社会運動の最前線

近年、次々と誕生する左派政権とも距離をおき、豊穣な自律的政治空間を創造するラテンアメリカの社会運動。その最前線を魅力的に伝え、一人ひとりの内にある「政治」を可能にするパワー＝闘争の最小回路に呼びかけること、これが本書の唯一の目的である。

表示価格（税抜）は2007年３月